Les esprits ont parlé.
Sommes-nous prêts à entendre ?

Jeffrey Marks nous a donné un merveilleux outil pour démystifier l'expérience de la mort et de l'état de conscience qui vient ensuite. Nous sommes à l'aube d'une ère où il n'y aura plus nécessairement « d'Au-delà » : ce sera un monde unifié d'énergie et de conscience, les « morts » seront aussi réels que nous et nous pourrons facilement communiquer avec eux. Nous avons besoin de livres clairs comme celui-ci pour comprendre la continuité de la conscience et la voie d'accès aux dimensions immatérielles.

— Penney Peirce, auteure de *Fréquence : le pouvoir de la vibration personnelle* et *L'intuition : une voix qui ne trompe pas*

De nombreuses sources prouvant que nous survivons à la mort du corps continuent de s'accumuler. Le livre de Jeffrey A. Marks, *L'après-vie dévoilée*, est un ajout précieux qui fascinera les chercheurs comme les profanes. Comme il est très probable que nous mourrons tous un jour, ce livre devrait intéresser tout le monde.

— Larry Dossey, md, auteur de *La médecine réinventée, Healing Words* et *The Power of Premonitions*

L'après-vie dévoilée de Jeffrey A. Marks représente une importante contribution au canon de la recherche qui explore la nature de la conscience humaine après la mort physique à l'aide de la médiumnité mentale. Les découvertes réitérées de Marks confirment certaines réactions archétypiques des âmes dans l'Esprit, dont plusieurs me sont connues de par mon travail de médium. Je félicite Jeffrey d'avoir relevé ce défi qui inspire l'humilité et accepté la responsabilité de le faire de si excellente façon. La sagesse, la lumière et l'amour de ceux qui vivent dans l'Au-delà rayonnent dans ces pages, illuminant l'esprit de toute personne assez chanceuse pour lire cet important ouvrage.

— Michael Wheeler, médium et auteur de *Heaven Hears Your Heart* (www.psychicoranges.com, Sydney, Australie)

En tant que chercheuse spirituelle et clairvoyante, je suis attirée par les entretiens de *L'après-vie dévoilée* et ils me parlent. Je les ai trouvés très agréables et instructifs !

— Jodi Livon, The Intuitive Coach, auteur de *Happy Medium*

Jeffrey A. Marks a produit un ouvrage que toute personne étudiant sérieusement la spiritualité ferait bien de lire et de relire.

Dans un genre littéraire où les œuvres manquent de spécificité et sont singulièrement avares de détails, Marks plonge dans le vif du sujet, attaquant les questions plus complexes de l'Esprit et communiquant les réponses dans un style tranquille et fluide qui transmet vraiment l'intention de la source. Trop souvent dans la littérature spirituelle, lorsque des sujets plus pénétrants sont abordés, ce genre de questions et de réponses complexes semble s'évaporer. Ce n'est pas le cas dans cet ouvrage.

Le travail de l'auteur sur le temps et sur la révélation de la connaissance exige de poser et de présenter des questions difficiles non seulement pour qu'elles instruisent mais servent aussi d'outils dans la pratique de la méditation. Presque tous les résumés des entretiens de Marks pourraient servir de base à une bonne séance de méditation. En ce sens, les entretiens de *L'après-vie dévoilée* peuvent être considérés autant comme un cahier d'exercices que comme une lecture tranquille du dimanche.

L'information sur les sujets difficiles, magnifiquement transmise, fait de ce livre un ouvrage qu'il vaut la peine de garder sous la main et d'ajouter à la boîte à outils de la pratique spirituelle.

— Bruce W. Holsted, homme d'affaires, auteur de
Sacred Spaces et *Steps to a Conservation of Mind*
et bénévole en centre de soins palliatifs

J'étudie la science spirituelle (l'anthroposophie de Rudolph Steiner) depuis vingt-cinq ans et j'étais très curieuse de voir les correspondances que je pourrais établir entre cette science et la recherche qualitative fort bien menée par Jeffrey Marks dans les entretiens de *L'après-vie dévoilée*. Thérapeute en médecine énergétique depuis trente ans, j'ai été enchantée par les nombreuses révélations sur les différences de fréquences énergétiques entre la vie sur terre dans un corps matériel et la vie de « l'autre côté du voile », en particulier les dimensions du temps, de l'espace et de la matière. Quoique mon point de vue anthroposophique diverge de celui de Jeffrey sur les incarnations simultanées, j'ai été ravie de découvrir de nombreuses autres correspondances entre ses découvertes et la science spirituelle de Steiner, que cette fascinante investigation m'a paru valider. Enfin, j'ai trouvé son style très facile à lire et à comprendre. Après avoir commencé à lire, j'ai eu du mal à m'arrêter. Je suis reconnaissante de cette contribution magistrale à l'expansion de notre compréhension de la conscience, de la liberté, du divin cheminement humain, de la vie dans l'Au-delà et de la façon dont tout cela revient à aligner notre pensée, nos sentiments et notre volonté sur l'AMOUR.

— Cynthia Hutchison, DESS, IA, HTCP/I,
directrice du programme Healing Touch et auteure des
Méditations Healing Touch: éveiller les énergies
de guérison en soi pour soi-même et pour les autres

L'Après-vie dévoilée

Catalogage avant publication de Bibliothèque et Archives nationales du Québec et Bibliothèque et Archives Canada

Marks, Jeffrey A. (Jeffrey Allan), 1970-
[Afterlife interviews. Français]
L'après-vie dévoilée : entretiens avec des gens décédés
Traduction de : The afterlife interviews.
ISBN 978-2-89436-751-3 (vol. 1)
1. Vie future. 2. Immortalité. 3. Mort - Aspect psychologique. I. Titre. II. Titre : Afterlife interviews. Français.
BL535.M3714 2016 133.901'3 C2015-942434-8

Nous reconnaissons l'aide financière du gouvernement du Canada par l'entremise du Fonds du livre du Canada (FLC) pour nos activités d'édition.

Nous remercions la Société de développement des entreprises culturelles du Québec (SODEC) pour son appui à notre programme de publication.

Gouvernement du Québec – Programme de crédit d'impôt pour l'édition de livres – Gestion SODEC.

Traduction et adaptation : Sylvie Fortier
Infographie de la couverture : Marjorie Patry
Mise en pages : Josée Larrivée
Correction d'épreuves : Michèle Blais

Éditeur : Les Éditions Le Dauphin Blanc inc.
Complexe Lebourgneuf, bureau 125
825, boulevard Lebourgneuf
Québec (Québec) G2J 0B9 CANADA
Tél. : 418 845-4045 Téléc. : 418 845-1933
Courriel : info@dauphinblanc.com
Site web : www.dauphinblanc.com

ISBN version papier : 978-2-89436-751-3
ISBN version numérique epdf : 978-2-89436-752-0
ISBN version numérique epub : 978-2-89436-753-7
ISBN version numérique mobi : 978-2-89436-754-4

Dépôt légal : 1er trimestre 2016
Bibliothèque nationale du Québec
Bibliothèque et Archives Canada
Données de catalogage disponibles auprès de Bibliothèque et Archives nationales du Québec.

Imprimé au Canada

Limites de responsabilité

L'auteur, la traductrice et la maison d'édition ne revendiquent ni ne garantissent l'exactitude, le caractère applicable et approprié ou l'exhaustivité du contenu de ce programme. Ils déclinent toute responsabilité, expresse ou implicite, quelle qu'elle soit.

Jeffrey A. Marks

L'Après-vie dévoilée

Entretiens avec des gens décédés

Traduit et adapté de l'anglais
par Sylvie Fortier

Le Dauphin Blanc

Pour Margo,
toujours curieuse de tout

L'amour des amis et de la famille est éternel

« Vous n'êtes pas obligé d'être mort pour aller vers la lumière. »
— Anonyme

Table des matières

Introduction

« Pourquoi ne nous disent-ils pas à quoi ressemble la vie dans l'Au-delà ? »

C'est une question que j'ai entendue maintes et maintes fois, venant de l'observateur curieux comme de l'investigateur le plus sceptique. Dans une séance où les esprits communiquent par l'entremise d'un médium, on est trop souvent pris par la « magie » de l'instant – par la profusion de détails probants identifiant le défunt, que le médium ne devrait logiquement avoir aucun moyen de connaître. Puis, les émotions déferlent à leur tour, puisque le défunt semble apparemment s'adresser au consultant d'au-delà du voile, confirmant les liens de la relation qui a été la leur de son vivant sur terre. C'est peut-être parce que ces moments sont remplis de stupeur, d'émerveillement et d'émotions brutes que l'information sur la nature de l'Au-delà passe inaperçue. Après tout, les esprits sont vraiment là pour le client ; ils se concentrent exclusivement sur lui ou elle pour lui révéler qu'ils vont très bien pour des morts et qu'ils vivent encore de grandes émotions d'amour, d'amitié et, dans certains cas, de profond pardon.

Quand on a demandé à d'autres clairvoyants : « Que pouvez-vous nous dire sur l'Au-delà ? », j'ai été étonné d'entendre fort peu de choses en réponse. C'est sans doute également votre cas. Savoir à quoi ressemble la vie après la mort n'est-il pas un sujet que certains (sinon la plupart) brûlent de curiosité d'éclaircir ? La survie individuelle et la continuité de l'âme sont-elles réelles ? Disposons-nous d'indices susceptibles de nous permettre d'espérer que lorsque sonneront nos derniers instants sur terre, nous continuerons de vivre dans un autre environnement et que nous ne disparaîtrons pas simplement dans le néant ? On a avancé quelques réponses pour expliquer que nous n'ayons pas reçu beaucoup d'information par médiumnité : (a) les esprits ne sont pas autorisés à aborder ces sujets ; (b) c'est au-delà de notre compréhension, donc les mots ne peuvent rien décrire ; ou (c) tout est amour et lumière, contentez-vous de cette explication. L'option « c » est celle qui me perturbe le plus, car elle m'apparaît vraiment comme une réponse toute faite, donnée sans beaucoup de réflexion ni d'investigation. Par ailleurs, ces trois options ne tiennent pas la route par rapport à l'histoire de la médiumnité et aux études sur la vie après la vie.

Dès 1905, les membres décédés de la Société de recherche psychique (SRP) se sont prétendument manifestés par l'entremise de médiums scientifiquement étudiés par les membres toujours vivants de la SRP et ont donné de brefs aperçus de la nature de la vie après la vie. Un des membres fondateurs de la SRP, F. W. H. Myers, a apparemment écrit un ouvrage entier sur l'Au-delà par l'entremise de la célèbre médium Geraldine Cummins. Bien entendu, on se doit de poser la question : « Comment savez-vous que c'est vraiment le défunt et pas juste l'imagination de la voyante ? » C'est de bonne guerre. Dans le cas du manuscrit Cummins, plusieurs amis proches de Myers quand il vivait, ont dit que le style des concepts et du langage ressemblait beaucoup à sa façon de penser et de parler et que l'évolution des concepts spirituels présentés dans l'ouvrage aurait représenté une progression naturelle chez lui s'il avait été encore vivant. Le manuscrit évoquait si intensément la personnalité de Myers que sa veuve a offert à Geraldine de venir s'installer chez elle à demeure, juste pour pouvoir se sentir proche de Frederic et peut-être pour pouvoir communiquer encore avec lui.

On considère généralement qu'Emmanuel Swedenborg a été le premier à documenter la nature de l'Au-delà grâce au concept de la médiumnité, bien qu'il ait affirmé recevoir son information directement de Dieu, du Christ et des anges du Paradis, plutôt que des défunts. Sa Collection encyclopédique a été tellement vénérée qu'elle a servi à fonder une religion officielle, la Nouvelle Église, et que ses concepts ont été incorporés à la nouvelle Église chrétienne (Église générale de la nouvelle Jérusalem).

Dans ses écrits rédigés entre 1758 et 1772, Swedenborg décrit l'Au-delà en conformité avec les Saintes Écritures, c'est-à-dire avec un Paradis et un Enfer. Il passera les dernières décennies de sa vie à réinterpréter la Bible pour retrouver sa « vraie » signification spirituelle à partir de son expérience personnelle d'échanges médiumniques avec les puissances du Divin. Les histoires entourant sa quête spirituelle ont d'ailleurs inspiré maints médiums dans les siècles subséquents. Quoique radical même en regard des normes actuelles, l'apport de Swedenborg a ouvert quelques esprits aux possibilités d'une communion spirituelle avec les vivants et a donc sans doute été le catalyseur ayant lancé le mouvement.

Aujourd'hui, la principale tâche d'un médium n'est pas de réinterpréter le Divin mais de fournir un service beaucoup plus terre-à-terre : aider les gens à guérir de leur chagrin. Et c'est très bien ainsi. Or, si la réalité du phénomène pouvait être établie scientifiquement, il constituerait un moyen extraordinaire pour dissiper le sentiment de perte qui assaille la personne qui perd un être cher. À ce jour, on compte quelques institutions qui ont pour seul mandat d'étudier ce genre de phénomènes et de vérifier la véracité des affirmations. Certaines ont obtenu des résultats incroyablement attrayants. Néanmoins, quand il s'agit de recherche sur les médiums et la médiumnité, les scientifiques ne peuvent utiliser que des critères associés à ce qui peut être considéré comme une preuve : noms, dates, descriptions physiques, souvenirs d'évènements que le clairvoyant ne peut connaître, ou autre renseignement exigeant une recherche (par exemple, si un défunt dit : « J'ai laissé un exemplaire de mon testament dans le tiroir gauche de mon bureau, où il est encore », que quelqu'un fait le suivi et trouve le document). Ce genre de recherche ne laisse pas place à la spéculation ; par conséquent, elle ne conviendrait pas au cadre destiné à établir « à quoi ressemble l'Au-delà ». En effet, on ne pourrait pas valider la réponse.

Cela ne veut pas dire qu'une réponse n'est ni possible ni pertinente. Une réponse – même si elle ne peut être prouvée scientifiquement – ouvre au moins la porte à des *possibilités*. C'est l'approche que j'ai adoptée quand j'ai commencé à étudier les phénomènes paranormaux à titre de membre de la Washington State Ghost Society. Après que j'ai eu entendu clairement mon premier PVÉ (phénomène de voix électronique) d'un esprit s'exprimant par le micro de mon enregistreuse audio, ma curiosité s'est enflammée comme si on avait jeté de l'huile sur le feu. BOUM ! Je me suis dit: « C'est l'occasion d'apprendre quelque chose sur la nature de la conscience ! » Même si mes découvertes ne pourraient probablement pas soutenir un examen scientifique rigoureux (qui débouche souvent sur plus de questions que de réponses, d'ailleurs), ce que j'apprendrais pourrait au moins présenter des possibilités, jusqu'ici inexistantes. J'ai donc élaboré 22 questions pour savoir à quoi ressemblait la vie de fantôme et commencé à les poser à chacune de mes investigations dans l'espoir d'obtenir des réponses sous forme de PVÉ.

J'ai constaté que la recherche sur les fantômes a toujours été menée avec une seule question en tête: « Pourquoi ? » Or à mes yeux, il fallait aller un peu plus loin. Il fallait non seulement chercher « pourquoi » mais aussi demander à un fantôme « à quoi ressemble la vie d'un esprit » de son point de vue. C'était une perspective que personne n'avait jamais vraiment adoptée avant, du moins pas à ma connaissance. Parmi les questions que je posais, il y avait: « Percevez-vous encore le mouvement du temps ? » ; « Avez-vous remarqué un tunnel de lumière qui vous suit ? » ; « Vous arrive-t-il d'avoir faim ? » ; « Est-ce que vous dormez ou vous êtes toujours éveillé ? » En dépit de ce que certaines communautés spirituelles/ métaphysiques ont affirmé, les esprits sont disposés à parler de la nature de l'Au-delà. Toutes les questions que j'ai posées n'ont pas reçu de réponse mais un bon nombre en ont obtenu une. De fait, elles suggèrent des possibilités inhérentes à la nature de la conscience.

Donc, comme je continuais d'entendre cette seule et unique critique essentielle des médiums modernes – « Pourquoi ne nous disent-ils pas à quoi ressemble l'Au-delà? » – j'ai compris de par ma recherche dans des lieux hantés, à questionner les fantômes (qui existent « entre » notre monde et l'Au-delà) pour obtenir des réponses par PVÉ, que je pourrais faire la même chose avec les esprits passés « dans la lumière » et entrés dans l'Au-delà. Pourquoi pas ? Après tout, je pratique la médiumnité depuis plus de dix ans. Les autres médiums n'ont peut-être pas obtenu de réponses parce qu'ils cherchent trop à aider leur client, qui peut évidemment se laisser prendre par l'immédiateté de la communication, ou parce qu'ils ne croient pas pouvoir obtenir des réponses sensées. Par ailleurs, je me suis dit qu'ils n'ont peut-être simplement pas posé les bonnes questions, ou qu'ils n'étaient pas prêts à envisager les possibilités. Comme les fantômes des lieux hantés avaient bien voulu répondre à l'occasion à mes questions par PVÉ, j'étais prêt à parier que le parent décédé de quelqu'un, qui avait franchi le seuil de l'Au-delà, serait disposé à faire la même chose. Pourquoi pas ? Ne voudriez-vous pas dire au fils que vous avez perdu depuis longtemps ou à votre fille chérie toujours sur terre quelle vie merveilleuse les attend ? Ou, à quel point la vie que vous menez dans l'Au-delà est fantastique ? Ne voudriez-vous pas au moins offrir un sentiment de possibilités au reste de l'humanité ?

Voilà de quoi il est question ici. De possibilités. Non, nous ne pouvons pas valider avec certitude la nature de l'Au-delà mais je crois que nous pouvons accepter l'idée des possibilités. C'est la même chose pour le processus de médiumnité. Non, les scientifiques n'ont pas été capables de prouver avec certitude qu'un proche décédé entre en communication avec nous mais la possibilité existe pour vrai selon les résultats statistiques. Ce n'est pas très différent des scientifiques qui croient à des théories pour lesquelles ils n'ont actuellement aucune preuve tangible, comme la théorie des cordes, les trous de ver ou les dimensions parallèles. Elles paraissent plausibles du point de vue mathématique mais nous ne disposons encore d'aucune preuve réelle. Dans le cas de la médiumnité, nous avons une excellente preuve circonstancielle ; c'est simplement que la science n'a pas encore été capable d'expliquer « comment » ou « pourquoi » le processus fonctionne, c'est-à-dire les mathématiques du phénomène. Comme je pratique la médiumnité depuis plus de dix ans, mon point de vue sera évidemment biaisé – je crois vraiment que je reçois de l'information des défunts. Les sentiments qui submergent mon corps, les images qui évoquent des renseignements véridiques, vérifiés par mes clients, ne sont pas objets de spéculation pour ma conscience : ce sont des faits établis. Je comprends que pour certains, ce n'est que mon opinion, qu'ils n'accepteront jamais ce genre de philosophie et pourront certainement faire de leur mieux pour la nier. Pas de souci. Je ne suis pas ici pour convaincre les sceptiques ou changer l'esprit des gens. Je souhaite seulement présenter des *possibilités*.

Que présentent ces possibilités ?

Une vision, telle que nous n'en avons jamais eue à ce jour, de ce que signifie survivre à la mort et de ce qui nous attend – droit de la bouche de ceux qui y sont. (Pour les sceptiques et les incrédules, je dirai « *probablement* droit de la bouche... »). Ce que j'ai compilé dans ce tome n'est pas « l'inspiration divine » transmise à travers une tradition ou un système de croyances archaïques exigeant une profession de foi : il s'agit d'une enquête contemporaine qui emploie les outils et techniques qui nous accompagnent depuis le début de notre histoire, mais qui ont été pour une raison ou une autre craintes ou ignorées, ou n'ont pas été cultivées par la masse à cause d'une méprise et des préjugés de la société. De nos jours, ces processus sont étudiés avec attention par certains scientifiques déjà fermement convaincus de la possibilité réelle que l'information vienne des défunts. Je souhaite me saisir de cette possibilité et l'employer pour l'amélioration et l'évolution de mes semblables. Rappelez-vous que je ne fais que présenter des *possibilités*. Si je contribuais seulement à alléger la peur de la mort, ce serait un cadeau extraordinaire pour nous tous. C'est ce but, vous transmettre cette information, que je cherche à atteindre avec les entretiens de *L'après-vie dévoilée*.

Passons maintenant à la manière dont ce projet a été conçu, à ses défis et à sa conclusion.

LES PRÉPARATIFS

Pour obtenir un corpus d'information assez important pour pouvoir en tirer des conclusions, j'ai décidé de faire quatorze entretiens individuels. Pourquoi quatorze ? Pour plusieurs raisons, surtout de temps et de disponibilité. Les entretiens duraient en moyenne entre deux et trois heures chacun, puis je devais transcrire la conversation que j'avais enregistrée. Une fois terminé, chaque entretien a fini par exiger un nombre d'heures incroyable – ce qui est parfois difficile à trouver avec un emploi «régulier» à temps plein, des rencontres individuelles, des séances de groupe, des présentations publiques, sans compter les autres recherches sur le paranormal que je m'étais engagé à faire, sans compter le simple quotidien.

L'autre raison qui m'a amené à conclure avec le quatorzième entretien est que j'avais commencé à remarquer des similitudes dans les réponses dès le dixième. Je ne veux pas suggérer que je relayais de l'information qui avait déjà été transmise mais plutôt que les esprits en avaient déjà assez fourni et commençaient à redire à peu près la même chose à quelques différences près, en ajoutant leur grain de sel, comme nous avons tous tendance à le faire quand nous décrivons les choses. Les réponses n'étaient pas identiques, loin de là, mais lorsque j'ai entrepris de revenir sur l'ensemble des réponses aux questions, j'ai vu émerger le motif, c'est-à-dire le corps de l'information. C'est à ce moment que j'ai décidé d'arrêter à quatorze (considérant tous les autres projets auxquels j'avais accepté de participer), de totaliser les entretiens et de les présenter. Si les quatorze entretiens ont rapporté relativement les mêmes choses avec quelques différences et nuances personnelles mineures, en fonction des expériences de chaque esprit, il me faut être confiant que les réponses générales du groupe aux questions sont valides.

Au début de chaque entretien, je me mettais «à l'écoute» et je transmettais les renseignements que j'avais l'impression de recevoir de l'ami ou du parent décédé de mon consultant, afin de vérifier que j'étais bel et bien en contact avec son esprit – par exemple, ses problèmes médicaux, comment il était parti, des dates, des évènements, des noms, des traits de personnalité. Après une validation suffisante d'au moins huit à dix renseignements d'ordre élémentaire (et dans la majorité des cas, de beaucoup plus) et une fois que mon consultant et moi étions certains d'avoir établi la communication, je lui demandais de poser une liste prédéterminée de cinquante-deux questions sur la nature du processus de la mort et le déroulement de la vie dans l'Au-delà. Comme je l'ai dit plus haut, l'entretien en tant que tel durait en moyenne de deux à trois heures, quoique quelques-uns aient duré beaucoup plus longtemps. Il était enregistré sur mon enregistreuse numérique et transcrit par la suite sur un tableur, chaque question ayant son propre onglet dans le carnet de travail. Une fois les quatorze entretiens enregistrés et transcrits, j'ai repris les questions une à une et étudié les quatorze réponses obtenues pour dégager une réponse générale à chaque question. Comme vous le verrez, j'ai cité verbatim des extraits des entretiens tels qu'ils nous ont été transmis pour illustrer la forme des réponses et ma façon de formuler mes interprétations.

LES DÉFIS DE CETTE RECHERCHE ET COMMENT JE LES AI SURMONTÉS

PREMIER DÉFI

Gérer à moi seul le projet et les données

En concevant cette mission au départ, j'avais l'intention de m'adjoindre l'aide d'un second médium et de faire du projet un essai à l'aveugle. En théorie, j'espérais qu'en étant deux, nous recevrions le même type de réponses en communiquant chacun de notre côté avec les mêmes défunts. Pour que l'essai soit vraiment à l'aveugle, nous ne partagerions pas nos réponses (ou même l'identité de notre contact) avant la fin des entretiens pour vérifier la correspondance des réponses. Malheureusement, je me suis laissé vraiment emporter par mon désir de mettre le projet sur pied ; je n'avais pas accès à un deuxième médium de renom dans la région où j'étais en commençant (du moins aucun que je connaissais alors, quoique quelques-uns soient parvenus à mon attention depuis) et je n'avais pas du tout envie de coordonner les horaires de *trois* personnes pour *quatorze* entretiens. Je savais que, même si en fin de compte un deuxième médium avait rejoint le projet et que nous avions obtenu des résultats statistiquement positifs quant à (a) la validation d'une communication possible avec le parent ou l'ami décédé d'un consultant et (b) des réponses similaires de ces défunts à chacune des cinquante-deux questions, les sceptiques et les incrédules resteraient fort probablement sceptiques et incrédules. En définitive, que ce soit seul ou en équipe avec un autre médium, l'information ne peut être présentée que comme une possibilité sur la nature de l'Au-delà, pas comme un fait scientifique.

Un second médium apporterait-il plus de « poids » à la documentation et la rendrait-il plus crédible ? Bien sûr. À cela, je mettrais la pléthore de médiums de ce monde au défi d'entreprendre de mener à leur manière des « entretiens sur l'au-delà » et de voir ce qu'ils reçoivent. De mon côté, je serais certainement ouvert à l'idée de refaire un processus semblable avec des critères à l'aveugle, comme j'en avais l'intention au départ. Quoi qu'il en soit, après avoir passé les données en revue, je peux conclure au vu des résultats que chaque entretien a été mené avec une entité de l'Au-delà ayant un lien avec le consultant posant les questions. En une occasion, la participante m'a dit qu'elle avait posé bon nombre de ces mêmes questions à son frère décédé en le rencontrant après son décès lors d'une expérience hors corps ; les réponses qu'il me transmettait étaient les mêmes que celles qu'il lui avait livrées au moment de cette rencontre. Par ailleurs, je dessine parfois les images que je reçois pour les montrer au consultant ; dans ce cas, la consultante a confirmé que mes dessins étaient presque identiques aux images que son frère lui avait transmises. En définitive, l'absence d'un second médium ne rend pas selon moi l'information moins valide, ni moins précieuse.

DEUXIÈME DÉFI

Des distorsions dans le « signal psychique » peuvent avoir un impact sur les réponses

Pour parler franchement, aucun clairvoyant n'est jamais d'une précision sans faille en tout temps. Des distorsions dans les images, les sons et les sentiments peuvent donner lieu à des interprétations fautives – et parfois, le clairvoyant peut tout simplement avoir tort. C'est pour cette raison que j'ai choisi de multiplier les entretiens. Statistiquement parlant, un entretien ne sera pas nécessairement aussi « solide » qu'un autre ; en en ayant quatorze comme point de départ pour travailler, j'ai pu obtenir un corpus qui « nivelait » les crêtes et les creux tout en me fournissant une idée relativement « utilisable » de la réponse à chaque question. J'ai créé un tableur avec ce que j'avais documenté comme preuves d'identité des défunts pour chaque consultant en indiquant autant les « succès » que les « échecs ». Ce ratio succès/échecs a pu être utilisé pour jauger la « solidité » d'un entretien afin d'être en mesure de l'évaluer. Comme je présente les données strictement du point de vue des « possibilités », j'ai l'impression que les « succès » dépassent largement les échecs, à la hauteur de 85 à 90 %, et je suis à l'aise avec ce résultat. De mon point de vue, même si nous n'avions obtenu qu'une image de 15 à 20 % plus claire de la nature potentielle de l'au-delà, pensez à l'effet sur nos vies collectives ici sur terre. Même si selon moi, les preuves validant l'identité des défunts témoignent d'un ratio supérieur en termes d'exactitude, certains voudront peut-être discuter de sémantique et pourront être mal à l'aise à l'idée d'appliquer ces mêmes pourcentages aux réponses reçues à mes questions. C'est très bien ainsi. Chacun ses goûts. D'où la raison des quatorze entretiens pour créer un équilibre.

TROISIÈME DÉFI

Est-ce que j'imagine tout cela et je ne fais que me répéter ?

C'était un souci légitime avant même que je fasse le premier entretien. Quant à savoir si c'était ou non mon imagination, j'ai confié ma conscience à la même énergie qui devait d'abord valider sa présence comme étant celle d'un ami ou d'un parent décédé du consultant en fournissant de nombreux renseignements comme preuves. Chaque esprit possède sa propre sensibilité et celle-ci se traduit par des nuances sur le plan de la personnalité, du ton et du style des réponses. J'ai bientôt découvert que ces nuances coloraient aussi les réponses aux questions. Qui plus est, les défunts ont évité plusieurs fois de répondre à une question jusqu'à ce qu'ils aient pu offrir une autre preuve personnelle pour confirmer que nous étions toujours « sur la bonne longueur d'onde ».

Mon plus grand souci était : « Est-ce que je ne fais que répéter ce qu'un autre esprit m'a déjà dit ? » Ici encore, je me suis fié à mon contact avec la personnalité individuelle, avec son style et sa façon unique de se manifester pour répondre. Quand j'avais l'impression que certaines réponses ressemblaient trop au style et à la réponse d'un esprit interviewé précédemment, je prenais un moment pour me détendre et vider mon esprit avant de reprendre contact pour voir si je recevrais encore la même réponse. Cette pause ne s'est pas produite souvent mais il est arrivé que j'en fasse une.

Je m'en faisais aussi à propos des idées préconçues. J'ai formulé moi-même les cinquante-deux questions et il serait absurde de dire que je n'avais aucune idée de ce que *pourraient* être les réponses. Quand vous travaillez avec les esprits depuis plus de dix ans, malgré qu'ils ne vous diront peut-être pas directement ce qu'ils font dans l'Au-delà, vous vous faites néanmoins une idée de ce que les choses pourraient avoir l'air, ce qui soulève la possibilité que l'intellect du médium superpose une autre réponse sur la réponse réelle de l'esprit. Sur ce point, je ne peux que dire que j'ai abordé chaque entretien comme un chercheur en quête du phénoménal, que chaque entretien a été vécu comme un évènement unique et distinct et que je n'étais pas intéressé à fournir mes propres réponses. Si j'avais voulu mousser mes réponses, je ne me serais pas donné la peine de gaspiller des centaines d'heures à mener les entretiens et transcrire les réponses – j'aurais pu faire cinq entretiens, dire que c'était formidable et conclure cette partie du travail pour me mettre à écrire le livre. En passant, j'ai abordé les entretiens en pensant à ce que certaines réponses pourraient être, selon moi ; or, ce que j'ai reçu de certains esprits s'est avéré tout à fait contraire à mes attentes. C'était excellent – car cela m'a montré que les réponses ne venaient pas de mon intellect.

QUATRIÈME DÉFI

Pourrait-il s'agir d'un phénomène extrasensoriel avec le consultant ?

C'est un souci courant, que ce soit pour un entretien sur l'Au-delà ou une séance ordinaire. L'information reçue par le médium peut-elle simplement être un phénomène extrasensoriel vécu avec le consultant ? La question est légitime. Après avoir étudié les réponses aux cinquante-deux questions toutefois, il est bientôt apparu clairement que les consultants ne pensaient pas aux réponses que j'ai reçues. Dans bien des cas, ils n'avaient aucune idée de la réponse à la plupart des questions et étaient tout aussi curieux que moi d'entendre ce que leurs amis ou parents décédés auraient à dire. Bien des fois, les consultants ont dit : « C'est fascinant. Je n'aurais jamais pensé à ça. » Je le répète, comme je focalisais sur la couleur de l'énergie de l'esprit et ce qu'elle me révèle, je ne crois pas que les réponses viennent d'un phénomène extrasensoriel vécu avec mes consultants.

CINQUIÈME DÉFI

Disposer de sujets avec des antécédents multiculturels pour fins de comparaison

Une des idées qui m'emballait vraiment dans ce projet était la chance d'être en contact avec des personnes de diverses confessions religieuses afin de réunir une palette de perceptions. Est-ce que quelqu'un de confession islamique vit l'Au-delà différemment d'un chrétien ou d'un bouddhiste ? Il ne m'était pas venu à l'esprit toutefois que certaines confessions religieuses ne voient pas d'un très bon œil ceux qui affirment recevoir de l'information des morts, ou que les consultants avec d'autres antécédents ethno-religieux ont déjà une solide croyance sur la nature de l'Au-delà, fondée sur leurs textes religieux anciens, et ne sont pas prêts à entendre parler d'autres possibilités. Hélas, l'aspect multiculturel des entretiens n'a pas donné des résultats aussi formidables que je l'avais espéré. J'ai réussi à entrer en contact avec trois défunts de confession islamique ; un hindou ; un qui était surtout juif ; plusieurs chrétiens ; le reste se classant de leur vivant dans la catégorie des agnostiques ou des athées. Même si j'aurais aimé avoir plus de consultants d'autres cultures, les réponses des quelques-uns qui ont participé ressemblent à ce que les autres ont dit en général. Je prends donc pour acquis que l'expérience de tout le monde – quelle que soit l'éducation philosophique – se ressemble et qu'aucune religion ne vit quelque chose de vraiment différent d'une autre.

CONCLUSIONS GÉNÉRALES ET OBSERVATIONS PERSONNELLES

Dans la vie, très peu d'évènements sont des pierres d'angle dans le cheminement de chacun. Pour la majorité des gens, il n'y en a qu'un ou deux à classer dans cette catégorie – la naissance d'un enfant, gagner à la loterie, ce genre de choses. Or, ces évènements se qualifient à ce titre parce qu'ils convergent sur la personnalité, les perceptions et la façon d'être de la personne. En effet, ces évènements *transforment la vie* à tous égards. Quand j'ai eu terminé mon premier entretien pour ce projet, j'ai su que ce serait le cas dans ma vie avec toute cette information. À la fin de mon premier entretien et une fois ma consultante partie de la maison, j'étais tellement sidéré et sous le choc que je suis resté assis par terre presque une heure à regarder dans le vide. L'expérience m'avait tellement rempli d'humilité que j'étais incapable de me tenir debout. J'avais la réponse à cinquante-deux questions, d'excellentes images et impressions, combinées à des éléments prouvant la communication avec le défunt – c'était un des moments les plus pénétrants de ma vie. Je savais qu'à la fin, une fois que j'aurais absorbé les quatorze entretiens, je serais irrévocablement changé et c'est ce qui s'est passé.

Qui plus est, j'ai reçu plus que des réponses psychiques.

Comme j'ai enregistré chaque entretien avec mon enregistreuse audio numérique, qui me sert dans mes enquêtes sur le paranormal, je n'ai pas été étonné de constater que j'avais aussi capté des PVÉ. En plusieurs occasions, la voix des défunts s'est frayée un chemin dans l'enregistrement audio, souvent pour confirmer ce que je recevais mentalement et relayais au client. Aucun des PVÉ n'a contredit ce que je disais et dans un cas en particulier, mes propos ont été exactement les mêmes que ceux que l'esprit a prononcés sur mon enregistreuse avant que je les exprime. Comme vous ne pouvez pas entendre les PVÉ au moment de l'enregistrement mais uniquement lorsque vous écoutez l'enregistrement audio ensuite, j'ai été vraiment sidéré d'entendre l'esprit dire les deux phrases, puis de m'entendre les reprendre en les décrivant comme des impressions psychiques. Il n'y a pas eu de PVÉ à chaque entretien mais il y en a eu dans un bon nombre. J'ai aussi constaté que je voyais brièvement passer des ombres derrière moi dans le reflet de la vitre devant moi lorsque je transcrivais les enregistrements. En quelques occasions, des lumières clignotantes ont fait irruption dans la pièce. C'est le moyen que les esprits ont employé pour me faire comprendre qu'il était pertinent et précieux de compléter le projet.

PROCESSUS ET STYLE DE COMMUNICATION DES TRANSCRIPTIONS DANS LE TEXTE

Il est important que le lecteur sache *comment* fonctionne mon style de médiumnité, de manière à pouvoir mieux comprendre les réponses telles qu'elles ont été transcrites dans le texte. Beaucoup de gens imaginent qu'un esprit se penche à l'oreille du médium pour lui souffler un message. Malheureusement, ce n'est pas ainsi que la plupart des médiums travaillent (quelques-uns le font, mais je n'en fais pas partie). Je reçois l'information par une combinaison de moyens qui me viennent généralement tous en même temps. Je verrai des images se former dans mon imagination, des impressions se manifesteront dans mon corps et à l'extérieur et j'entendrai parfois un mot ou deux lancés dans cet amalgame. Cette combinaison de moyens me fait comprendre le message que le défunt souhaite transmettre.

Dans les transcriptions des enregistrements audio des entretiens – en retrait (dans une autre police) du corps principal du texte – vous lirez autant mes impressions psychiques (y compris mes pensées fragmentées et ma grammaire pas toujours impeccable) que des citations de l'esprit comme s'il ou elle me parlait. « Elle dit : "*Ils m'ont fait descendre le vestibule et m'ont montré une statue dorée.*" » J'ai mis le message de l'esprit entre guillemets et en italique, comme si c'était les mots que j'entendais. En réalité, ce n'est pas ainsi que cela s'est passé mais à cause du mélange d'images, de sensations ou de mots reçus, c'était de fait l'information transmise par l'esprit et donc, plus facile à rapporter dans ce style. Dans certains cas, de courtes phrases ou des mots isolés ont été directement perçus par mes sens ou visuellement épelés devant moi ; conjugués aux autres impressions, ils devaient absolument être rapportés verbatim. Donc, gardez en tête que lorsque je cite les paroles d'un esprit, ce n'est pas parce qu'il était debout à côté de moi et qu'il me murmurait à l'oreille ; c'était que l'intensité des images qu'il me transmettait, les sentiments qu'il me relayait et les phrases ou les mots qu'il prononçait ou écrivait dans mon imagination, se combinaient pour former le message – et c'était fait avec une telle force et une telle énergie qu'il aurait aussi bien pu l'exprimer avec des cordes vocales et une bouche de chair. En quelques occasions, les esprits ont parlé dans mon microphone, fournissant des PVÉ pour corroborer les messages que j'avais verbalisés pour eux.

L'APPROCHE EN PLUSIEURS TOMES (TOME 1)

Comme la quantité d'information reçue en réponse aux cinquante-deux questions était franchement colossale, il aurait été trop coûteux (et trop volumineux) de produire un seul ouvrage, d'où la nécessité de deux tomes. Par ailleurs, comme les questions couvrent un large éventail de sujets – du processus de la mort à la nature du mal, en passant par la gouvernance et la philosophie dans l'Au-delà –, il a paru logique de scinder l'ouvrage en deux. Le premier tome prépare le terrain en nous donnant un aperçu de ce que nous traversons lorsque nous quittons le corps et commençons notre vie dans l'Au-delà. Le deuxième aborde plus en détail l'environnement, les modes de vie des défunts et leurs points de vue philosophiques sur la nature de la création, Dieu, etc. Inutile de dire que ces deux premiers tomes ont soulevé encore plus de questions, ce qui fait que je réfléchis actuellement à une nouvelle série d'entretiens pour un troisième tome. À cela, je dirai simplement : « À suivre… »

— Jeffrey A. Marks
Seattle, Washington
Planète Terre
2012

Question 1 :

LE PROCESSUS DE LA MORT

Le processus consistant à quitter le corps – mourir – a-t-il été douloureux ? Comment s'est-il déroulé pour vous ?

La pensée de la mort est certainement l'une des plus grandes peurs de l'humanité, sinon la plus grande. Elle suscite la terreur de l'annihilation et la fin de leurs jours chez beaucoup de gens. La peur de perdre sa personnalité, tout ce qui a été appris, expérimenté, et de laisser derrière famille et amis. Quand le spectre de la mort se profile, une foule de pensées et d'émotions monte à la conscience. Regardons les choses en face : en Occident, la mort est entourée de beaucoup d'indignité. Pour le corps médical soignant le patient, la mort n'est rien de moins que l'échec ultime. La seule consolation possible à l'idée de quitter ce monde est ce que la religion ou un autre système de croyances nous apprend – et encore, à l'instant ultime, quel réconfort ces croyances peuvent-elles nous apporter, en réalité ?

La mort étant un moment si terriblement craint dans notre culture, j'avais l'intention d'ouvrir *L'après-vie dévoilée* en partant de cette conclusion fatidique sur terre et de suivre chaque âme dans sa progression à travers l'Au-delà, telle qu'elle l'a vécue (et est disposée à en parler). La vie physique pourra avoir atteint sa conclusion ici-bas, le processus de la mort préfigure néanmoins une nouvelle vie là-haut. Je voulais découvrir comment cette transition avait été vécue par les esprits qui se présentaient à chaque entretien. La réponse atténuerait-elle nos craintes à l'heure de notre trépas ?

La première question était posée une fois que le consultant et moi avions vérifié que nous étions bien en présence d'un ami ou d'un parent décédé grâce aux détails probants fournis en ouvrant l'entretien. Nous avions établi des faits comme les problèmes médicaux du défunt ou la nature de sa relation avec le consultant – mère, père, frère, sœur, mari ou ami(e). D'autres caractéristiques personnelles, noms ou initiales, dates importantes et autres évènements notables, avaient également été validées. Pour parler franchement, je n'étais pas disposé à entreprendre de poser les questions sans ce genre de données. À quoi nous servirait-il de mener un entretien de cette longueur si nous n'étions même pas certains d'avoir vraiment établi le contact ? (En passant, deux entretiens ne se sont même pas rendus à la première question, car je n'étais pas à l'aise avec la qualité de la liaison. Quoi qu'il en soit, ils ont été l'exception et non la règle). Dans certains cas, mon consultant et moi avons vérifié quinze ou seize points de détail avant de nous rappeler la raison de notre rencontre, car nous nous sommes vraiment laissés prendre par l'échange de messages personnels !

Bien entendu, en demandant « comment s'est passé votre mort ? », vous obtenez des caractéristiques et des anecdotes propres à chaque individu. Ces détails ont servi à confirmer encore plus le contact établi avec le défunt, comme c'est arrivé avec la grand-mère de ma quatrième consultante, Grace. Grace est devenue une bonne amie depuis, mais au moment de l'entretien, elle ignorait ce qu'était un médium, tout en étant ouverte à la possibilité de l'existence d'un processus grâce auquel la conscience de sa grand-mère pourrait être syntonisée et comprise, ne serait-ce qu'à un niveau intuitif élémentaire. Grace était très proche de grand-mère et elle a vécu une expérience extraordinaire en voyant ce que le processus révélait. Ce qui suit est une brève transcription de ce qui s'est dit au cours de l'entretien :

> Elle revient à cette histoire de cerveau... Y a-t-il eu une rupture ? Je vois et j'entends « whoosh ! » Après ça, les choses n'ont pas traîné. Tout a été très vite. Et elle était allongée tout le temps.

De fait, il y avait eu rupture, exactement comme je l'avais perçu. Comme je l'ai dit plus haut, avant de poser cette question, nous avions obtenu d'autres détails prouvant que Grace parlait bien à sa grand-mère – et répondre en évoquant sa propre mort a contribué à concrétiser davantage cette réalité aux yeux de mon amie. Dans un autre cas, un jeune homme appelé Brandon s'est manifesté pour ma deuxième consultante, Jodi. Il n'arrêtait pas de me montrer une image, sa main sur une arme de poing, en me disant qu'il s'était suicidé par balle.

Quand il a été question de décrire leur fin, les défunts ont souvent dit qu'ils avaient vécu une longue maladie qui avait fini par se révéler fatale, ou que leur vie s'était terminée de façon abrupte, comme par une crise cardiaque ou un meurtre. Par ailleurs, ils ont tous rapporté la même chose par rapport à la question initiale : *toute souffrance physique cesse à l'instant de la mort*. Dans deux cas, c'est ce détail des plus surprenants qui a fait comprendre à l'esprit qu'il était mort, parce qu'il avait pris l'habitude de la douleur physique pour avoir vécu si longtemps avec elle. Dans le dixième entretien, ma consultante, Marti, a fait la rencontre par téléphone et écoutait sa mère passée dans l'Au-delà. Voici ce que cette dernière m'a révélé et comment je l'ai relayé :

> Elle était obnubilée par la souffrance vers la fin... Elle était tellement obnubilée par l'énergie de la souffrance dans son corps... La souffrance ne l'a pas suivie, mais la vague d'énergie à laquelle elle s'accrochait l'a suivie quand elle est partie.

> C'était comme une grosse charge énergétique. Mais elle dit : « Douloureux, non, mais une sensation bourdonnante. »

Dans le cas de mon amie Grace, ce n'était pas l'absence de douleur qui a fait comprendre à sa grand-mère qu'elle était décédée mais le choc soudain des sensations qui l'ont traversée – des sensations qu'elle avait perdues à cause de sa maladie. Voici comment j'ai décrit la chose durant l'entretien :

> Elle dit que durant un an avant ce moment à peu près, elle n'avait pas d'énergie. Son corps lui semblait lourd, avachi. Je dirais qu'il était anesthésié, comme si les nerfs ne fournissaient plus de sensation. Quand elle est morte, toutes ses sensations sont revenues au galop. Elle dit : *« À ce moment-là, je me suis senti plus vivante que je ne l'avais été depuis deux ans. »*

Dans le deuxième entretien de la série, il y avait un jeune garçon appelé Brandon qui s'était suicidé par balle (j'ai mentionné plus tôt qu'il m'avait montré l'arme de poing). En entendant parler de ces cas tragiques, nous nous demandons toujours comment quelqu'un peut aller jusque-là ? Comment vit-il le fait de s'enlever la vie ? Dans ce cas de figure, Brandon avait trouvé le moyen de dissocier son esprit de son acte, ce qui lui a permis d'aller jusqu'au bout de son geste. Voici comment je l'ai décrit dans l'entretien :

> Il ne s'inscrit pas dans le moment ; il se place en dehors de lui. Il dit que la seule façon qu'il a pu aller jusqu'au bout a été de se dissocier du geste. Il dit que lorsqu'il s'est finalement *« réveillé »* – il veut le dire comme ça –, dès qu'il s'est consciemment autorisé à voir, il a remarqué qu'il avait encore ceci…

Je me suis martelé la poitrine pour dire qu'il était encore en vie et avait toujours un corps. Brandon a continué de m'informer :

> Il dit : *« Vous ne savez pas ce que ça fait de vous voir debout quand vous vous attendez à vous voir étendu sur le sol. »* Il n'a pas de description, de souvenir, de l'instant de

son passage. C'était comme dire *« je n'ai même pas pressé la gâchette ».*

Dans tous les cas, le plus grand obstacle à la mort n'a pas été l'instant de la mort, selon les occupants de l'Au-delà, mais plutôt d'apprendre à se détacher des émotions, de la crainte et de la résistance face à ce départ pour l'inconnu. Beaucoup d'esprits parlent de s'accrocher à ce côté-ci du voile, vraiment faire des efforts pour s'accrocher. Mais au moment de quitter le corps, il n'y a pas eu de sensation de souffrance. Dans le huitième entretien, ma consultante, désignée par les initiales M. G., a eu des nouvelles de l'esprit de sa mère :

Elle s'est vraiment accrochée vers la fin, n'est-ce pas ?

M. G. a confirmé que sa mère avait beaucoup résisté à la fin – refusant de renoncer à la vie sur terre. Sa mère a repris :

Elle me montre qu'elle va jusqu'au bout du plongeoir mais ne plonge pas. Elle a une certaine appréhension à l'idée de partir. Elle se rend au bout... *« Je monte sur le plongeoir et je m'accroche, je m'accroche. »* Puis, elle fait comme un petit éclat avant d'atteindre le point de non-retour, comme pour dire : *« On croyait que j'étais morte mais je ne l'étais pas encore. »* Elle me fait sentir que quitter le corps a été plutôt... beaucoup d'énergie. Ce n'était pas douloureux, c'était chargé. C'était une sortie qui a « exigé » de l'énergie.

Dans quelques cas, le cher disparu avait été tellement abruti par les analgésiques qu'il avait quitté le corps avant le moment rapporté par les médecins dans leurs registres, comme l'a appris ma onzième consultante, Terri, qui a reçu des nouvelles de Rose, sa grand-mère récemment disparue :

Elle dit *« je suis partie avant que la morphine m'emporte »* et me fait sentir que même si elle était inconsciente et que les médecins disaient qu'elle était toujours en vie, elle était déjà partie – son corps était la seule chose qui fonctionnait ; sa conscience (esprit) était déjà partie. Elle affirme être partie avant que le corps meure.

Dans le cas de ma douzième consultante, Kourtnie, l'esprit de son père m'a rapporté ce renseignement pour elle :

> Le processus est très facile. Il était vraiment assommé par les médicaments et seul au moment de la mort. Les médicaments lui ont fait sentir qu'il ne pouvait même plus faire partie du corps.

Il est devenu apparent en recoupant le contenu des entretiens que quitter le corps physique est relativement facile à la mort. Plusieurs ont mentionné comment – quand ils ont finalement accepté le fait qu'ils étaient mourants – ils sont simplement sortis de leur corps, essentiellement comme s'ils enlevaient un vêtement. Dans le troisième entretien, Nancy, ma consultante, a eu des nouvelles de son père décédé. Quand il a été question de quitter le corps, il a dit avec beaucoup de simplicité : « Je me suis échappé. » Dans le quatrième entretien, la grand-mère de Grace m'a affirmé que dès qu'elle s'est dit « je lâche prise », elle a quitté son corps par un salto arrière.

La mère de ma huitième consultante, M. G., décédée d'une tumeur au cerveau, avait eu des troubles cognitifs vers la fin de sa vie. Elle avait retrouvé sa lucidité en mourant. Voici ce qu'elle m'a montré, comme l'indique la transcription :

> Elle luttait mentalement pour s'accrocher... Elle me montre qu'elle a fait une culbute vers l'arrière. Elle a culbuté vers l'arrière et a senti : *« Dès que je suis sortie, tout s'est éclairé. C'était comme si les nuages s'étaient dissipés et j'ai retrouvé toute ma lucidité. »*

Le départ peut représenter un moment incroyablement chargé d'émotions, surtout pour la personne qui meurt. C'est ce que m'a fait comprendre l'esprit de mon quatorzième entretien. La défunte, Diane, était décédée d'un cancer un an plus tôt ; il s'agissait d'une amie de ma femme, Heidi, qui était la consultante de cet entretien. De son vivant, Diane avait mené une existence plutôt solitaire – sa famille vivait dans un autre État et elle ne s'était jamais mariée –, des détails qui sont apparus à l'étape initiale de la prise de contact pour vérifier que nous étions bien en communication avec elle. Pour répondre à la question sur le processus de la mort, elle m'a montré qu'elle avait médité sur ses derniers moments dans son lit... et que cela l'avait rendue maussade. Voici comment c'est sorti dans la session :

> Elle était seule à ce moment. Elle me fait sentir seul. Plus elle se rapprochait de la mort, plus elle se sentait malheureuse. C'était émotif. Je pense que c'est parce que... elle a compris qu'elle n'avait pas de liens forts avec les autres. Ce sens de la famille était absent. C'était comme : *« Qui me célébrera ? Il n'y a personne autour pour le faire. »* Quant à la transition même, ce n'était rien. Mais le passage a été chargé d'émotions. *« Où est celui qui fera mon éloge ? »*

Le message de ces êtres chers sur le processus de la mort a été clair : quand vient le temps de quitter le corps, il n'y a pas de douleur physique. C'est une transition naturelle – même si elle pourra vous surprendre lorsqu'elle survient. En effet, nous nous accrochons parfois à notre vie sur terre, nous craignons de lâcher prise ; néanmoins, une fois que nous nous libérons de notre peur, nous échappons à la chair corruptible pour entrer avec une facilité incroyable dans la lumière d'un nouveau monde.

Question 2 :

LE TUNNEL

Êtes-vous entré dans un tunnel de lumière ou vous êtes resté derrière ? Que s'est-il passé ensuite ?

Tout personne familière avec les écrits et les récits sur les expériences de mort imminente (EMI) a entendu dire que les individus quittent leur corps et entrent dans un tunnel, qu'ils traversent à toute allure en direction d'une lumière étincelante. Bien que ce soit une expérience courante dans les EMI, j'étais curieux de savoir si c'était une étape naturelle de la mort réelle – c'est-à-dire, quand il est certain qu'on ne revient pas.

L'autre raison qui a motivé ma question sur le tunnel relevait de ma recherche avec la Washington State Ghost Society. Une des questions que je pose aux esprits errants dans mes expériences de PVÉ (phénomènes de voix électroniques) est : « Avez-vous connaissance d'un tunnel de lumière qui vous suit ? » J'ai parfois entendu dire que ce tunnel est toujours présent autour de nous, comme pour dire que chacun a son propre tube sous vide personnel flottant à ses côtés, prêt à l'avaler pour le transporter dans l'Au-delà. Un fantôme a répondu avec étonnement et de façon audible sur mon enregistreuse: «Vous êtes au courant pour le tunnel de lumière?»

J'ai pourtant été étonné devant les réponses obtenues dans les entretiens et le tunnel est resté un mystère pour moi. Pour certains, il était là dès leur arrivée. D'autres ne l'ont pas vu, ou ont choisi de ne pas y entrer immédiatement – et il était évident qu'ils avaient leurs raisons, comme Michael, un ami de ma première consultante, Leah, peut-être mort assassiné. (Sa mort n'avait jamais été élucidée – il aurait pu s'agir d'un meurtre ou d'un suicide. L'esprit m'avait montré l'image d'un couteau ensanglanté, mon symbole pour représenter la mort aux mains d'un autre.) Voici comment j'ai expliqué à Leah le moment où Michael a rencontré la lumière:

> Il n'a pas bougé pendant un petit moment. Le tunnel de lumière était une expérience à laquelle il n'était pas préparé. Qu'est-ce qu'il s'est passé ensuite? Il était sous le choc. Ce n'était pas une mort attendue. Il dit: «*Ça sidère. Même si on a des idées et des perceptions sur ce qu'est l'Au-delà, quand on y est enfin, c'est comme... ouais, c'est réel... mais quand même, ça sidère. On se dit: "Oh mon Dieu, est-ce que c'est vraiment en train de m'arriver?"*»

Dans mon deuxième entretien, la compréhension qu'il vivait toujours s'est révélée traumatisante, comme de raison, pour l'esprit de Brandon qui s'était suicidé. En parler avec lui a été tout aussi déchirant:

> Il a crié... je peux l'entendre crier. Son cri n'a rien à voir avec se sentir coupable de laisser des gens derrière... et tout à voir avec «*oh mon Dieu, je suis encore en vie*». Et oui, il dit que la lumière a été là tout de suite. Elle est venue à lui. Et il répète: «*Oh mon Dieu, oh mon Dieu, oh mon Dieu.*» L'expérience a été traumatisante dans le sens que les choses ont déboulé très vite... Il ne savait pas ce qu'il se passait d'une seconde à l'autre. Il dit qu'il cherchait la paix et quand il a débarqué dans l'Au-delà, tout est arrivé très vite... Au final, ce n'était pas la paix qu'il espérait trouver.

Pour entrer dans la lumière, il fallait que Brandon rassemble le courage d'affronter son avenir potentiel. Il l'a fait en se raccrochant au souvenir de la fille de ma consultante, qui l'avait souvent aidé durant les moments difficiles. J'ai demandé à Jodi si Brandon était lié à sa fille et elle a confirmé que c'était le cas. Alors, je ne lui ai pas permis d'élaborer sur la nature de leur relation, au cas où d'autres renseignements nous seraient transmis. Après l'entretien, Jodi a pu confirmer ce que Brandon avait dit :

> Il me fait sentir qu'elle faisait partie des personnes qui essayaient de l'aider. Il prend son énergie à elle et la met sur lui. Je ne sais pas s'il l'appelait ou s'il lui demandait une sorte de force à cause de la nature de leur relation. Mais ensuite, il dit qu'il a été englouti par la lumière ; elle l'a avalé.

D'autres, après avoir compris qu'ils avaient quitté leur corps et allaient bien, ont reporté leur attention sur leur famille avant d'aller plus loin. Voici un extrait du septième entretien où ma consultante, Debbie, a des nouvelles de son père :

> Je n'arrête pas d'entendre *« non, non, non »* comme s'il disait qu'il n'était pas prêt à partir. Il est question de s'assurer que vous rentrez saines et sauves à la maison… *« Quand j'ai vu la lumière là-bas, j'ai su que ma vie allait maintenant être différente. Avec la lumière qui était là, j'ai voulu m'assurer que vous rentreriez toutes les deux* [Debbie et sa mère] *saines et sauves à la maison. »* Mais, il n'était toujours pas prêt à lâcher prise.

Dans le dixième entretien, voici un extrait de ce que j'ai transmis à Marti de la part de l'esprit de sa mère :

> Elle n'est pas passée tout de suite dans la lumière. D'abord, elle était un peu étourdie par l'expérience de la mort. Ensuite, elle parle des enfants. Il y a ce trou où les enfants seraient… Elle a hésité un jour ou deux avant d'entrer dans la lumière. C'est comme *« une affaire pas terminée »*. Elle dit qu'après, un membre de sa famille est arrivé de la lumière pour lui dire qu'il était temps de partir.

Tiré du onzième entretien avec Rose, la grand-mère de Terri :

> Elle dit : *« Oh, je suis restée derrière un petit moment parce que je voulais veiller sur tout le monde. Je voulais voir comment tout le monde s'en sortait. »* Et elle ajoute : *« Il y avait des gens qui m'attendaient pour que je passe dans le tunnel et je les ai fait attendre, en quelque sorte… pour voir les gens d'ici une dernière fois. »*

Ensuite, il y a ceux qui ont traversé le tunnel en trombe dès leur arrivée, comme s'ils n'avaient aucune chance de revenir en arrière. Tiré du troisième entretien avec l'esprit du père de Nancy :

> L'instant de la mort a été comme un évanouissement puis, brusquement, il y a eu cette lumière. En fait, ce n'est pas avant d'avoir vu cette lumière qu'il a compris qu'il était mort… Il dit : *« Elle est arrivée immédiatement. »*

Tiré du quatrième entretien avec l'esprit de la grand-mère de Grace :

> Elle dit que le tunnel de lumière est arrivé très vite. Elle dit qu'il était ouvert et qu'il l'a juste aspirée. Elle dit : *« Je ne comprenais pas vraiment ce qui arrivait… Les choses se sont passées très vite. »*

Pour Diane, dans mon quatorzième entretien, l'appréhension de mourir seule a bientôt été apaisée par l'apparition de deux membres de sa famille. Elle a été certaine d'être célébrée en les voyant :

> Elle me fait sentir qu'elle a été accueillie par deux parents. Il y avait un frère… le sentiment est celui d'un frère. Ensuite, une deuxième personne, pour qui elle ne me donne pas de détails, mais ils étaient deux ; ils étaient là pour l'accueillir quand elle a finalement quitté son corps. Elle est plus ou moins passée tout de suite dans la lumière, étant donné cette émotion par rapport à « qui fera mon éloge ? » Les deux personnes lui apportaient cette célébration. Elles lui ont

réchauffé le cœur. Et elle semblait dire : « *Allons-y, partons d'ici !* »

Nul doute que l'instant de la mort peut susciter autant la peur que la confusion, peu importe ce que nos croyances sur l'Au-delà auront pu être de notre vivant. C'est une chose de postuler des théories, de philosopher et de croire mentalement en une vie après la mort, mais lorsqu'on est dans le vif de la démarche pour passer dans cette sphère, on peut être submergé par les émotions et les pensées, car alors l'expérience de la vie après la mort est réelle et non pas simplement imaginaire. Et parfois, nos attentes terrestres ne s'accordent pas nécessairement avec ce qui se produit en réalité, comme dans le cas du père de Cynthia, l'esprit rencontré dans mon cinquième entretien :

Il n'est pas entré dans le tunnel tout de suite. « *Confusion* » est le mot. C'est comme s'il reste là à se demander « *qu'est-ce qui vient d'arriver ?* » et ensuite il essaie de s'orienter. Il lui a fallu un moment pour comprendre qu'il n'était plus considéré comme « vivant ». Je ne sais pas quelles étaient ses croyances spirituelles, mais il me fait sentir : « *Ce que je croyais avant et ce que j'ai constaté après ne s'accordaient pas – alors je suis resté là à me dire "ce n'est pas en train d'arriver... ce n'est pas en train d'arriver".* »

Pour certains, ce n'est pas un tunnel qui est apparu mais plutôt un brouillard. Dans mon sixième entretien, voici comment j'ai rapporté à Sarah les derniers instants de son grand-père, un musulman très pieux, juste après qu'il a eu quitté son corps :

Il dit qu'il est tombé à genoux. Le sentiment qu'il me donne : « *Je savais que la vie ici était terminée ; il fallait que je me prépare.* » Donc, s'agenouiller était sa façon de se préparer – la prière... « *Ensuite, j'ai vu trois personnes approcher. Deux étaient des membres de ma famille.* » Il dit que l'un d'eux est un frère. L'autre est aussi un parent mais il ne me dit pas frère ou sœur, juste qu'il est aussi de sa famille. Le troisième n'est pas quelqu'un qu'il connaissait, mais il lui a été présenté comme étant un ange. Ils posent une main sur son épaule et disent : *« C'est bon, lève-toi, et l'ange est là. C'est bon, tout ira bien pour toi. »*

Il ne l'a pas perçu tout à fait comme un tunnel de lumière. Il me le montre comme un brouillard blanc qui a simplement commencé à s'ouvrir devant lui et à l'envelopper. Il n'a pas nécessairement senti qu'il était propulsé dans un tunnel, mais il y a eu ce brouillard qui s'est ouvert et qui l'a enveloppé. Il a eu vraiment peur au début. Il dit : *« On ne sait pas ce qui va se passer ensuite… »*

Il me fait sentir – et il me montre – qu'il a été tellement sous le choc de se voir et de comprendre qu'il était mort, puis de voir son frère et ensuite que ça arrive… Son esprit n'a pas été capable de suivre. Tout se passait trop vite. Il n'arrivait pas à bien comprendre ce qui se passait. Il me fait aussi sentir que… Bon, nous avons ce processus et cette idée de ce à quoi la mort est censée ressembler, selon nous. Mais son point de vue après l'avoir vécue… *« Bon, je vis le processus en ce moment ; je dois le laisser être ce qu'il est, qu'il coïncide ou non avec ce qui nous a été enseigné ; c'est ce qui est et je dois le laisser être, parce que c'est la volonté de Dieu – ce n'est pas nécessairement la mienne ou celle de quiconque. »* Il a chassé de son esprit toutes les idées préconçues, en quelque sorte, pour simplement laisser les choses se faire.

Il me fait sentir que c'était agréable d'avoir son frère et l'autre personne avec lui. Il avait plus confiance en eux que dans le personnage de l'ange… Il n'avait jamais vu cette créature avant. Ils peuvent bien dire que c'est un ange, il ne le reconnaît pas sous cette forme ; c'est un inconnu. Donc, il place sa confiance et sa foi dans des personnes qu'il a *vraiment* connues. Il s'est accroché à ça quand le brouillard l'a enveloppé.

Pour ma treizième consultante, Gabi, le brouillard a été le moyen de locomotion idéal pour l'esprit de sa mère : en effet, elle m'a transmis qu'elle « n'aimait pas la vitesse ; n'aimait pas aller vite ».

Quand j'ai dit cela à Gabi, elle s'est exclamée : « Elle détestait aller vite ! C'était la plus lente sur la route ! » Sa mère a continué, comme le montre la transcription de l'entretien :

> « *Je n'ai pas pris cette espèce de tunnel – ils savaient que je n'aimerais pas le tunnel. J'ai eu le brouillard à la place.* » Elle me dit : « *Le tunnel aurait été trop rapide pour moi.* » Vous savez quand les gens en parlent, comment ils le décrivent comme s'ils étaient aspirés dans un tube ?

Gabi a repris : « Elle aurait été terrifiée. » J'ai repris, car l'information me venait rapidement :

> Elle dit oui et explique : « *J'ai eu le brouillard parce que j'aurais été trop effrayée.* » Elle me fait sentir que l'arrivée du brouillard a été très réconfortante et l'a détendue encore plus. Elle dit : « *À présent, je suis morte sur terre mais vivante ici. Mais on ne sait pas ce qui se passera ensuite.* » Donc, quand ce brouillard a commencé à se former, il y a eu une sorte de constat. Elle a compris en quelque sorte que tout irait bien pour elle. Une fois qu'il a eu gagné du terrain... le brouillard a entrepris de la faire accélérer. Elle a pu sentir qu'elle changeait, mais pas ce qui l'entourait.

Les expériences de filer à toute allure dans un tunnel et de plonger dans la lumière ou d'être enveloppé dans un brouillard semblent bien être universelles, quoique le moment choisi pour passer dans le tunnel semble relever de l'individu et ne pas être nécessairement prédéterminé. Dans ma recherche sur les fantômes, j'ai entendu dire que certaines cultures croient que le défunt reste aux alentours un certain nombre de jours – de façon presque rituelle ou dogmatique – avant de passer pour de bon dans l'Au-delà. Ici, je devrais dire que ce genre de philosophie pourrait faire erreur et que la vérité en la matière pourrait dépendre davantage de l'expérience de chacun que d'une philosophie théologique.

Mais la lumière est toujours là quand on est prêt, comme les esprits nous l'apprennent.

Question 3 :

LES GUIDES SPIRITUELS

Avez-vous rencontré un maître spirituel, un guide, un parent ou un personnage religieux ?

Ceux qui travaillent en soins palliatifs mentionnent souvent que les mourants disent être en présence d'amis et de parents décédés avant de s'éteindre. En Occident, la plupart de ces évènements sont attribués à des hallucinations causées par les médicaments ou par le cerveau qui crée des visions imaginaires. Il y a pourtant eu des cas où les patients n'étaient ni médicamentés ni en train de perdre l'esprit – ils énonçaient tout simplement un fait : « ma parenté décédée est ici ». Il est logique de supposer que pour faciliter notre transition, ce genre d'aide nous serait offert par quelqu'un qui est déjà passé par là. En effet, tel a été le cas dans tous mes entretiens – chaque personne a été accueillie par quelqu'un. Je souhaitais savoir qui était cette personne et si le défunt pourrait fournir un nouvel éclairage sur des sujets comme les guides spirituels et/ou les personnages religieux.

Comme on pourrait s'y attendre, les parents décédés sont les mieux placés pour faciliter la transition. En effet, il est beaucoup plus facile de se détendre et de faire confiance à une connaissance qu'à un inconnu. Voici un extrait du cinquième entretien avec l'esprit du père de Cynthia :

> Il dit : *« Je n'étais pas préparé à rencontrer un personnage religieux. »* Donc, qui qu'ait pu être la personne qui est arrivée, elle n'était pas une icône religieuse. Avait-il un frère déjà décédé ?

Cynthia a répondu par l'affirmative. Son père a continué de me fournir d'autres détails :

> Il s'agissait d'un homme plus jeune... Un qui s'approche. Le frère qui est décédé, il y a eu un traumatisme entourant sa mort.

Encore une fois, Cynthia a confirmé que le frère de son père était plus jeune que lui et qu'un grave traumatisme avait entouré son décès :

> Il me fait sentir que la mort de son frère était beaucoup plus grave.

Bien que je n'aie pas permis à Cynthia d'élaborer sur le sujet pour savoir *à quel point* cette mort avait été beaucoup plus grave, elle m'a confirmé qu'elle avait été bien pire que celle de son père. J'ai poursuivi :

> Et il a été étonné de voir son frère s'approcher et dire : *« C'est ici que tu es rendu. »* Beaucoup de choses entourant la mort de son frère... Son frère a dû l'encourager pour qu'il entre dans le tunnel. Il montre qu'il l'a quasiment attrapé par le bras pour le tirer, en quelque sorte. Le frère ne voulait pas le laisser là. Je pense qu'à ce stade, il en a appelé aux cordes sensibles de votre père : *«... si tu restes, ce sera beaucoup plus difficile. »*

Et tiré du septième entretien avec le père de Debbie :

> Parent… Son frère. Est-ce qu'un de ses frères est parti avant lui ?

À l'instar de Cynthia, Debbie a confirmé que son père avait bien eu un frère qui était mort avant lui. Son père a continué de me remplir d'images et de sentiments :

> Il place la personne à côté de lui. Il lui montre… Quelqu'un qu'il considérerait comme bizarre et tordu ? Il dessine cette forme étrange avec pas une seule ligne droite. Pour ses parents, papa venait en premier, c'est juste ? Il dit que papa venait en premier, puis maman.

Debbie a confirmé que tout cela était exact – le frère de son père avait *bel et bien* été considéré comme l'excentrique de la famille et leur père avait passé en premier, ensuite leur mère.

Dans le cas de ma consultante M. G., sa mère décédée avait été l'adepte d'un gourou hindou ; elle l'avait désigné par l'initiale de son prénom plus tôt dans l'entretien et en a parlé plus tard en réponse à cette question :

> Il y a une référence à la parenté – ses parents et l'autre personne qui est apparue plus tôt. Est-ce que le gourou est mort avant elle ? Elle me montre Gandhi.

De fait, le gourou était mort avant elle et se servait de l'image de Gandhi pour indiquer son décès.

Dans l'entretien, la défunte a décrit la réunion avec sa famille comme ceci :

> Elle me fait sentir qu'il n'y avait pas de personnages religieux là-bas. À elle seule, la présence de sa famille a suffi à l'emballer. Elle me fait sentir *« oh bon sang, toute cette énergie d'amour de la famille »*.

Dans le treizième entretien, voici la description que donne l'esprit de la mère de Gabi :

> Elle a vu sa mère et son père... et parle d'une troisième personne, un homme. Je ne sais pas si maman a perdu un enfant... mais c'est assurément quelqu'un de la famille. Pas un grand-père... Mais elle dit : *« À ce stade, c'était juste ma parenté parce qu'ils savaient que je me sentirais vraiment à l'aise avec eux. »* Ils lui ont servi d'escorte durant le voyage.

Dans quelques cas, des guides spirituels accompagnaient aussi les membres de la famille venus accueillir le défunt. Ces auxiliaires spirituels étaient généralement perçus comme des inconnus, mais aussi reconnus en raison de la profondeur de leurs liens spirituels, comparé aux autres. Extrait du onzième entretien avec l'esprit de la grand-mère de Terri, Rose, qui avait été mariée plusieurs fois de son vivant :

> Elle dit : *« J'ai mes maris – et mon frère est là, aussi. »* Puis elle fait *« ooh »* en voyant ces « autres » personnes. Elle fait *« je ne vais pas mettre la religion dans le décor »* mais dit en même temps *« ceux-là sont les pontes ».* Elle admet qu'ils sont présents, mais sans connotation religieuse.

Quant à Brandon (qui s'était suicidé), il a été immédiatement accueilli par une équipe bienveillante venue de la lumière. Voici comment il m'a expliqué son arrivée :

> Il lui donnerait le nom de guide – et il s'agit d'un terme que d'autres lui ont fourni. Il n'a pas rencontré de personnage religieux... Je pense qu'il y avait un parent aux alentours mais il ne s'est pas approché. Il dit : *« J'ai été accueilli... »* Il me montre deux ou trois entités qui s'avancent.
>
> Il dit : *« Vous ne savez pas ce que ça fait de vivre ça. Vous ne comprenez pas l'ampleur de ce qu'on ressent. »* Il veut vraiment souligner le fait que si vous croyez que vous vous sentez vivant en ce moment, quand vous vivez ce genre d'évènement, que la lumière vous enveloppe et que vous

voyez ces gens... C'est un sentiment beaucoup plus grand que ce que vous vivez normalement quand vous êtes sur terre.

À ce moment, un poids très lourd s'est abattu sur lui. Il dit : *« Ça vient de moi, ça vient de moi, ça ne vient pas d'eux. »* C'est en entrant dans la lumière et en voyant les entités qu'il a brusquement compris : *« Oh mon Dieu ! je pense que j'ai fait quelque chose que je n'aurais pas dû faire. »*

Il dit : *« Je ne me suis pas disputé avec eux. Je voulais qu'ils... »* En un sens, il était plutôt sur la défensive... Je pense que dès qu'il les a vus, il a craint qu'ils se mettent à le juger ou à le réprimander. Il leur répétait simplement : *« Vous ne connaissez pas le genre de types avec qui je devais faire affaire... Vous ne connaissez pas le genre de types avec qui je devais faire affaire. »* Pour moi, il me fait sentir comme s'il avait l'impression que sa condition et sa situation étaient plus à mettre au compte d'autres personnes, plutôt que de son incapacité à prendre des décisions.

En une ou deux occasions seulement, un défunt m'a fait sentir qu'il avait rencontré une sorte de personnage religieux. Quelques raisons pourraient expliquer ce fait. Comme nous l'avons vu plus tôt, la transition pourrait être facilitée davantage par des personnes que l'individu récemment décédé reconnaît. L'autre raison pour expliquer que l'on voit rarement des personnages religieux pourrait être que le défunt n'était pas très porté sur la religion pour commencer (quoique quelques-uns aient affirmé le contraire). Comme nous le verrons dans le deuxième tome, les personnages religieux viennent dans un contexte intéressant. D'ordinaire, il semble donc que le passage de la mort n'est pas une transition qui s'accomplit en solo. Amis et parents sont là pour vous accueillir et annoncer les beaux jours à venir.

Question 4 :

LE BILAN DE VIE

Avez-vous passé votre vie en revue ? Comment décririez-vous ce bilan d'incarnation ?

Le bilan d'incarnation est un autre thème récurrent rapporté dans les comptes rendus d'expérience de mort imminente. J'ai toujours jugé intrigant que quelqu'un qui n'était pas censé « mourir » officiellement fasse ce genre de bilan, mais songé qu'il était logique qu'une fois l'incarnation définitivement conclue, il serait non seulement possible mais incroyablement pratique et instructif.

Après avoir passé en revue les quatorze réponses à cette question, il m'est apparu clairement que les occupants de l'Au-delà ont une compassion et une compréhension qui frisent la sainteté (et sinon, la dépassent). Comme vous le verrez, ils prennent vraiment grand soin de l'esprit et des émotions de celui qui arrive dans le royaume spirituel. Même s'il comporte généralement des similitudes bien précises, le bilan d'incarnation prend une forme adaptée à l'individu, basée sur l'intensité de sa peur, l'importance de son traumatisme, ses processus de pensée et probablement d'autres traits de sa personnalité. Il semble que l'Au-delà soit capable d'organiser le bilan d'incarnation de chaque arrivant pour qu'il en tire le maximum de bienfaits et vive le minimum de traumatismes.

Dans presque tous les cas, la personne qui passe son incarnation en revue est accompagnée de parents ou de guides spirituels ; ces invités se tiennent néanmoins à l'écart, comme pour lui donner une impression d'intimité. Ce n'est que dans quelques cas que les membres de la famille ou les guides spirituels ont pénétré dans « l'espace personnel » du nouvel arrivant et c'était alors pour lui offrir du réconfort face à ce qu'il pensait et ressentait. Dans tous les cas, les amis et parents décédés de mes consultants ont rapporté qu'aucune impression de jugement n'émanait des personnes présentes à leurs côtés, seulement de l'amour et de la compassion. D'ailleurs, cela jouait un rôle dans la méthode utilisée pour leur montrer le film de leur existence. Commençons par Brandon, dans le deuxième entretien :

> Il dit que c'est une des meilleures choses qu'ils ont faites pour lui. Il dit : « *Ce qu'ils ont fait pour mon bilan d'incarnation... ils m'ont passé le film en petit format et m'ont fait plus grand que ce que je regardais, pour que je puisse tout absorber sans être submergé. C'était la chose la plus aimante et délicate que j'ai vue et qu'on m'avait jamais faite. Même si les problèmes étaient toujours là et m'étaient montrés... ils ont créé les images de telle sorte... Ils n'arrêtaient pas de répéter : « Tu es plus grand que ça, tu es plus grand que ça. Es-tu capable de le voir, que tu es plus grand que ça ?* » Il dit : « *Ils n'ont pas caché les conditions, ils n'ont pas caché les problèmes, mais ils voulaient me garder...* » Il ne maîtrisait pas très bien ses émotions, toute l'idée de le garder plus grand étant parce qu'ils comprenaient qu'il pourrait se laisser happer émotionnellement par ce qu'il regardait, que ça ne ferait que le faire tomber encore plus loin dans le désespoir, et ils ne voulaient pas que ça se produise, ils voulaient le garder au-dessus de ça ; ce serait plus difficile à guérir, autrement.

Les images et la description montraient clairement tout l'amour et la compassion dont il avait été enveloppé.

Le plus souvent, le bilan d'incarnation consistait à voir se dérouler sa vie en la regardant sur un écran, ou en étant plongé dedans comme dans un enregistrement holographique. Encore une fois, le mode est probablement choisi en fonction de ce que l'âme qui arrive est capable d'encaisser en revoyant la vie qu'elle vient de quitter. Cette question a aussi eu l'avantage pour moi que certains esprits ont été capables de me relater des évènements de leur vie, en me donnant de brefs aperçus de leur histoire, comme dans ce qui suit:

Elle commence le processus comme une bobine de film qui se met à tourner – clic, clic, clic. Est-elle née aux alentours du 4 juillet ou d'un jour férié?

Ma consultante a répondu non mais il est devenu clair l'instant d'après pourquoi il y avait une telle fanfare.

Lorsqu'elle a fait partir la bobine de film, j'ai entendu une musique de fanfare, comme une célébration. Vous voilà, vous débarquez en ce monde et c'est la fête... Je ne sais pas pourquoi je vois un drapeau.

Ma consultante, Marti, m'a alors appris que sa mère avait été la première de sa génération à naître en Tchécoslovaquie – et que sa naissance avait été une célébration magnifique pour toute la famille. J'ai continué à transmettre ce qui venait:

Elle me dit qu'elle a commis de graves erreurs deux ou trois fois au moins dans sa vie et qu'elle a été saisie par l'effroi quand ces moments sont passés dans son bilan d'incarnation. Elle dit: *« Ça vient, ça passe et ça disparaît et tout va bien pour vous. Vous n'êtes pas critiqué pour vos erreurs. »*

Marti a demandé, comme c'était son droit: « Est-ce qu'elle peut nous parler de certaines de ces erreurs ? » Sa mère a immédiatement entrepris de me bombarder d'images qui ont produit une vision assez claire:

Savez-vous si elle était sur le point d'épouser un autre homme et qu'elle ne l'a pas fait en fin de compte?

En effet, cette circonstance avait été un épisode bouleversant dans la vie de sa mère – un autre petit ami lui avait demandé de l'épouser et pourtant, elle avait refusé. J'ai expliqué à Marti comment je recevais l'information:

Un des aspects a rapport à l'homme... J'ai une impression d'union puis de rupture, avec cette sensation de mariage. Je ne sais pas à quel point c'est mauvais dans sa culture, mais c'est une chose qu'elle met dans un champ de noirceur. C'est comme: *« C'était une mauvaise période de ma vie... »*

Voici un extrait du douzième entretien avec le père décédé de Kourtnie, ma consultante, tel qu'il m'a été transmis:

Dans son cas, ils lui ont montré sa vie comme sur un écran de cinéma. Il rit et dit: *« J'ai pu voir toutes les sottises que j'avais faites, enfant. »* Il me ramène dans le passé et dit: *« J'étais un fauteur de troubles. »*

Bien entendu, Kourtnie a confirmé que son père avait eu dans sa jeunesse la réputation de causer toutes sortes de problèmes. L'entretien s'est poursuivi:

Mais il a fini par se ranger en vieillissant, c'est ce qu'il me montre. Enfant, il était un véritable fauteur de troubles mais en vieillissant, il a mûri, il a eu de nouvelles idées, il a commencé à se rendre compte que les choses étaient différentes. Il s'est créé une toute nouvelle personnalité, de l'enfance à l'âge adulte.

Kourtnie a de nouveau confirmé que cette maturation de sa personnalité reflétait bel et bien le cours de sa vie. J'ai repris:

En voyant les changements dans sa vie grâce à son bilan d'incarnation, comment il s'en était sorti, il a vraiment ressenti une fierté personnelle, ce qu'il ne s'était jamais permis de son vivant. Il a vu qu'il n'était pas tout d'un bloc. Il a vraiment changé, il est vraiment passé à autre chose. Il a vraiment grandi pour devenir ce qu'il n'aurait jamais cru possible à l'époque (dans sa jeunesse).

Extrait du cinquième entretien avec l'esprit du père de Cynthia, au cours duquel j'ai été poussé à demander : « A-t-il eu des problèmes de vision vraiment graves vers la fin ? » Cynthia a confirmé que son père avait bien eu des problèmes importants avec sa vue. J'ai poursuivi :

Il dit que la première chose qui est arrivée quand il est sorti du tunnel est que sa vision était parfaite, au point que tout avait presque trop d'éclat à ses yeux.

Il me fait sentir comme si *« dès que je suis sorti du tunnel, cette histoire de bilan d'incarnation a débuté »*. C'est-à-dire qu'il n'a pas eu le temps de souffler et de se préparer. C'était un boum soudain. Il dit : *« Parce que les souvenirs sont frais »*... Ce qu'il me montre... il est assis ou debout... et le film de sa vie passe devant lui mais il est juste de cette taille (comme une petite boîte) et il flotte devant moi comme si je le regardais sur un écran vidéo. Il montre... Avait-il une sœur ?

Oui, il s'avère qu'il en avait une. Et Cynthia a pu valider l'autre renseignement que son père m'a donné, lorsque j'ai poursuivi en disant :

Et il dit qu'ils étaient proches. Il me montre que ce qu'il a vraiment aimé a été de revoir sa relation avec sa sœur quand ils étaient plus jeunes.

Et dans le treizième entretien, la mère de Gabi nous a dit que des évènements passés mémorables sont venus sur le tapis dans son bilan d'incarnation :

Elle dit que le bilan de sa vie a commencé directement devant elle, comme une projection. Est-ce que sa famille a déménagé quand elle avait huit ou neuf ans ? Il y a cette

> allusion à quelque chose de traumatisant et c'est la seule façon que je peux le décrire. Quelque chose qui est arraché et emporté, quelque chose de perdu... Être déplacée physiquement.

L'allusion à un déménagement ne disait rien à Gabi au moment de l'entretien. Cependant, après avoir parlé avec la meilleure amie d'enfance de sa mère, elle a confirmé que la famille de celle-ci avait déménagé de la Pennsylvanie à Baltimore – et que sa mère avait détesté.

Dans un cas, l'esprit du grand-père musulman de Sarah s'en faisait beaucoup à propos du jugement. Il a rapporté qu'il a fallu un certain temps avant que le bilan de son incarnation puisse se faire :

> Il indique une pause ici et dit que le bilan n'a pas commencé tout de suite. « *J'avais besoin d'être calmé...* » Il me fait sentir comme s'ils l'avaient laissé en quelque sorte souffler quelques minutes, pour se réorienter ou voir la réalité, à savoir que la vie est terminée, tout va bien, vous êtes toujours vivant... Vous êtes en sécurité. C'est ce sentiment d'avoir besoin de se sentir en sécurité. « *Je dois me sentir en sécurité.* » Donc, il avait d'abord besoin de s'occuper de ça.
>
> Puis il dit : « *Ils m'ont fait descendre, ils m'ont fait descendre dans le bilan de mon existence... La raison pour laquelle ils m'ont fait descendre était pour que je me sente plus ancré.* » Il y a un conflit entre avoir la fortune et la spiritualité. Je ne sais pas si dans la religion, c'est mal vu d'être fortuné mais il y a cette coupure qui, selon moi, lui causait du souci par rapport à comment il gérait son argent, avoir autant d'argent pourrait ne pas être bon pour lui ; il pourrait être mal jugé à cause de ça. Je pense qu'il s'en faisait à ce sujet – quelque chose qui a à voir avec l'argent. Ils l'ont fait descendre pour son bilan d'incarnation, juste pour lui donner une sensation d'ancrage. Est-ce qu'ils l'ont descendu physiquement ou pas, je ne sais pas... « *J'ai fini par être descendu.* »

Fait intéressant, il était considéré comme fortuné de son vivant car il possédait de nombreuses propriétés. Ensuite, quand il a débuté, le bilan de son incarnation a pris différentes formes en fonction des personnes, comme il l'indique ici :

> Puis il dit : « *Ils me l'ont montrée grandeur nature.* » C'est un peu comme... vous êtes assis sur le sol et vous regardez votre vie se dérouler autour de vous grandeur nature, sous sa vraie forme.

De façon tout à fait différente, la grand-mère de Grace l'a décrit dans mon quatrième entretien davantage comme un visionnement intérieur qui se fait mentalement :

> Elle dit : « *Ils m'ont fait m'allonger sur le sol, puis ils m'ont fait regarder le ciel. Il y avait la paix dans le ciel. Dans ma tête, ils ont commencé à me montrer des visions de ma vie. Et ils me laissaient leur dire ce que je ressentais à propos de ce que je voyais.* » Y a-t-il eu un évènement vraiment négatif dans sa petite enfance ? Elle me fait sentir comme... Je veux remonter très loin... Ils lui ont permis de remonter jusqu'à l'époque où elle était petite fille pour voir cette noirceur. Ils n'ont pas cessé de la soutenir et ils lui ont permis de remonter et de traverser cette expérience. Et elle dit : « *Quand ils font ça, quand ça se produit, il y a des aspects qui surgissent... des aspects qui surgissent... et ces aspects sont des réalités de votre vie et ces choses que vous n'aimez pas.* » Elle dit : « *Ils ne vous jugent pas pour ces aspects que vous n'aimez pas.* » En fait, elle dit qu'ils sont restés très silencieux. « *Ils veulent juste que vous restiez en contact avec ça ; ils veulent que vous soyez en contact avec qui vous étiez sur le moment et avec ce que votre vie était. Ensuite, ils m'ont fait asseoir et il y avait cette certitude et cet amour dans leurs yeux qui disaient "tout va bien ; tout ira très bien".* »

Un autre aspect qui s'est révélé courant dans le bilan d'incarnation est que les défunts ont pu sentir les effets que leurs pensées et leurs actions avaient eus sur les autres de leur vivant. Dans bien des cas, ils ont rapporté avoir ressenti ce qu'ils avaient fait ressentir à d'autres au cours de leur vie, comme dans cet extrait :

Il dit : « *Je suis branché sur tout le monde... je suis branché sur tout le monde.* » *C'est...* « *je ressens ce que les autres ressentent* ». Pendant qu'il revoit sa vie, il peut voir et sentir comment les autres ont réagi face à lui et être branché sur eux. Il me montre des cordons qui le rattachent à chaque personne avec qui il est en rapport pendant qu'il revoit le film de sa vie. Il dit qu'il a eu une enfance vraiment positive ; qu'il a aimé revoir ces aspects. Et il place ses parents très haut sur un piédestal.

Dans le septième entretien, l'esprit du père de Debbie a aussi parlé de son rôle dans la vie des gens et des émotions qu'il a fait naître :

Il me fait sentir que c'est beaucoup plus saisissant qu'un simple souvenir. On peut sentir toutes les émotions... C'est comme me montrer une scène de film. Il dit : « *En regardant la scène, vous pouvez voir toutes ces choses qui sont plaquées sur tout le monde dans votre imagination, comme pour dire que vous voyez en ce moment un aspect beaucoup plus grand de ces personnes que ce que vous voyiez de votre vivant.* » Il dit : « *Vous savez ce qu'ils ressentent.* »

Dans le neuvième entretien, l'esprit du frère de ma consultante a rapporté qu'il a compris la vérité sur lui-même et l'influence que sa personnalité avait eue sur sa vie :

Est-ce qu'il changeait de personnalité de son vivant, comme s'il était quelqu'un puis il devenait quelqu'un d'autre ?

Ma consultante, Teri K. (pas la Terri de mon onzième entretien), a confirmé que son frère avait bel et bien changé assez radicalement de personnalités plusieurs fois dans sa vie. Il a poursuivi :

Pour ce qui est du bilan de son incarnation, il me montre quatre entités, comme pour dire : « *J'ai été quatre personnes différentes et j'ai pu toutes les voir et en faire l'expérience. Je me suis vu pour qui et ce que j'étais.* » Il me fait sentir qu'à cette étape du bilan, on ne peut plus se mentir à soi-même.

Et découvrir la vérité était assurément ce qui motivait Diane, dans mon quatorzième entretien. De son vivant, elle semblait avoir été quelqu'un qui prenait les choses avec légèreté et insouciance – toujours à la blague et plutôt désinvolte. Néanmoins, son attitude a changé quand elle a eu la chance de revoir son passé :

> Quand elle était ici, elle ne se prenait pas au sérieux. Elle me fait sentir que « *je prenais tout très à la légère pour le monde extérieur mais c'était une façade* ». Quand elle a fait le bilan de son incarnation... Elle saisit mon cœur et dit : « *J'ai prêté attention. Dans la vie, je n'en aurais pas eu l'air mais en faisant le bilan de ma vie... j'étais très en phase avec ce qui m'était montré.* » Elle en a fait une affaire personnelle.

Selon moi, l'esprit de la mère de Marti a bien résumé l'exercice dans le dixième entretien :

> Elle me montre qu'une fois qu'on traverse le processus du bilan d'incarnation, elle me le montre comme de l'eau qui a coulé sous les ponts... Elle dit qu'on a une toute nouvelle perspective sur tout ce qu'on a fait de son vivant. Les images qu'elle me montre sont que nous vivons dans un monde à deux dimensions et quand on meurt, on le voit alors en trois dimensions et on dit : « *Oh ! Voici de quoi il est vraiment question... Ou, voici comment les choses se sont réellement passées et ce qu'elles sont... Cela change ma vision sur tout.* » À ce stade, on se dit : « *Bon, les expériences étaient réelles, elles étaient là ; à présent, j'ai cette nouvelle façon de les voir... je peux enfin me délester d'une partie de ce truc.* » La nouvelle façon de voir permet d'activer le processus de guérison intérieure.

Dans un cas, la mère de ma consultante avait passé une bonne partie de sa vie à réfléchir, pratiquer l'introspection et s'efforcer de vivre en harmonie spirituelle avec l'univers. Quand nous sommes arrivés à cette question, sa seule réponse a été « je n'en ai pas eu besoin ». Comme elle avait exercé sa vigilance sur ses pensées et ses actions de son vivant, elle avait acquis assez de sagesse au moment de son décès pour pouvoir être exemptée de l'exercice !

Apparemment, le bilan d'incarnation est là pour nous révéler nos interactions comme individus dans un environnement holistique. Nous avons souvent entendu dire qu'il n'y a pas de séparation entre nous et nos voisins – que nous sommes Un, essentiellement. Le bilan d'incarnation illustre cette idée avec une clarté étonnante mais pas avec une intensité telle qu'elle anéantit l'esprit de l'âme qui le vit. Extrait du onzième entretien avec Rose, la grand-mère de Terri :

> Elle veut vous prendre la main et dire : « *Tu ne me croirais pas.* » Elle dit que vous ne le croiriez pas, ils rapportent tout. « *J'ai tout vu. J'ai vu les choses que je ne voulais pas que personne voie.* » Et elle est restée interdite quand certains évènements qu'elle croyait d'ordre privé ont commencé à rejouer devant elle. Quand ces scènes sont apparues au début, c'était comme « *oh mon Dieu ! ne regardez pas. Vous ne devriez même pas être au courant de ça* ». Même durant les épisodes incroyablement intimes, ils (ses deux ex-maris) restaient près d'elle pour la soutenir. Et bien entendu, les guides étaient là mais elle pouvait dire, elle pouvait sentir et savoir qu'ils ne la jugeaient pas pour ce qu'elle avait fait et ce qu'elle voyait dans son bilan. Et elle était heureuse que ces deux personnes soient présentes.
>
> C'est une de ces choses où ça se passe maintenant et vous devez juste passer au travers. Si c'était un monde parfait, il est évident qu'elle n'aurait pas les deux personnes avec elles. Mais comme ça se passait là, elle est juste passée au travers. Et elle dit que « *les bonnes parties du bilan et celles sur les périodes amusantes et les périodes de célébration ont compensé les mauvais aspects de notre histoire* » qu'elle voulait taire. Elle se sert de Disneyland pour montrer ce que les bons moments lui ont fait ressentir. [En passant, la plupart de ses voyages en famille étaient à Disneyland.]

Sa confusion quant au moyen grâce auquel sa vie avait été rejouée devant elle était perceptible. En arrivant aux moments où elle s'est exclamée « oh mon Dieu, vous ne devriez pas voir ça ! », elle m'a fait sentir avec force « et comment ils ont filmé ça, d'abord ? » C'était une question qui fascinait l'esprit de Diane, puisqu'elle venait d'un milieu scientifique lorsqu'elle était sur terre. Voici comment elle en a parlé dans la transcription :

> Le bilan d'incarnation a aussi été une curiosité scientifique pour elle. Elle se demandait pour commencer comment c'était fait, comment sa vie lui était montrée. Elle était à la fois branchée émotionnellement sur le bilan, mais elle réfléchissait en même temps avec son cerveau gauche, en se demandant : « *Comment fait-on pour faire ça ? Quel est le mécanisme sous-jacent ? Comment fait-on pour me montrer ça ? Comment font-ils pour reproduire ça pour moi ? Comment ont-ils capté cette information ?* »

Et pour finir, voici ce qu'a dit l'esprit de la mère de Gabi dans le treizième entretien, tout en projetant les images dans ma conscience :

> Le film de sa vie lui est montré comme une pièce de théâtre holographique qui se jouait devant elle. Tout est grandeur nature. C'est une projection... Ils l'ont allégée d'une partie de son intensité. Elle dit : « *Pendant que je sens cela, je sais que c'est censé m'informer sur ce que je pensais et faisais. Parce que lorsque vous êtes en train de penser et de faire, vous n'êtes pas toujours conscient de vos motivations.* » Mais c'était ce que le film de sa vie lui révélait. Et les vingt ou trente dernières années de sa vie, elle était devenue vraiment amère.

Un « oui » retentissant a jailli de Gabi. Avec les décennies, sa mère était devenue incroyablement désenchantée de la vie. J'ai repris :

> Elle me montre qu'elle avance sur la ligne de temps – l'amertume, le sentiment de dépression. Elle dit que lorsqu'elle traverse ces décennies avec ce remords en faisant le bilan,

> sa mère (la grand-mère de Gabi) s'approche et lui tient la main. C'est comme : « *Tu vas t'en sortir ; tu vas bien aller.* » Elle dit que les hôtes célestes ne l'ont pas jugée. Au contraire, elle s'est sentie protégée. Il y avait cette impression : « *Ils ne vont pas me juger, ils ne vont pas me faire de mal, ils me soutiennent.* » Il n'y avait rien de verbal, c'était juste une impression.

Règle générale, le bilan d'incarnation est une étape que 99 % d'entre nous franchiront une fois arrivés dans le monde des esprits. L'exercice est conçu pour nous révéler qui nous étions de notre vivant, la raison de certaines de nos actions sur terre et les effets que ces actions ou inactions ont eus sur le tout plus vaste que formaient notre environnement et nos semblables spirituels. Il n'est pas censé être un spectacle où nous sommes jugés, condamnés ou même félicités, mais plutôt une occasion de mieux comprendre nos impulsions, nos motivations et nos peurs. Le bilan d'incarnation nous indique sur quoi nous avons encore besoin de travailler pour mieux goûter et célébrer la vie en progressant dans la dimension spirituelle et d'autres incarnations. Un axiome universel veut que tout soit interdépendant et Un. Le bilan d'incarnation révèle cette unité et l'effet que chacun de nous exerce sur le réseau vivant que nous rencontrons.

Question 5 :

LE LIEU DE TRANSITION

Êtes-vous passé par un lieu de transition ou une aire d'attente avant de vous rendre dans ce que vous appelleriez à présent « la maison » ? Si oui, que s'est-il passé ?

J'ai su par d'autres sources qu'une fois le bilan d'incarnation terminé, l'âme analyse ce qui en est ressorti avec les membres de sa famille, les guides et d'autres entités. J'ai pris pour acquis que cet évènement avait eu lieu et je ne me suis pas soucié de l'inclure dans les questions (mais durant les entretiens, plusieurs esprits en ont parlé de toute façon). J'étais bien plus intrigué par l'idée que l'esprit nouvellement arrivé était envoyé dans une « aire d'attente » avant d'être « expédié » vers sa destination suivante. Cette aire d'attente a souvent été décrite comme une sorte de station de métro ou de terminal d'aéroport, où les passagers sont emmenés à toute vitesse dans plusieurs directions vers divers lieux du monde des esprits.

Il semble que tout le monde commence plus ou moins à la même place – un tunnel ou un brouillard, puis un endroit neutre pour le bilan d'incarnation. Mais ensuite, il serait logique que tout le monde ne se dirige pas au même endroit : nous arrivons peut-être tous au même « aéroport » pour nous enregistrer, mais cela ne veut pas dire que nous prenons nécessairement le même vol et que nous allons au même endroit !

Parfois, passer dans l'aire d'attente après le bilan d'incarnation n'est pas aussi simple que de passer du point A au point B. Les parents de mes consultants ont été nombreux à rapporter qu'ils étaient passablement sous le choc après les détails et les révélations de leur bilan d'incarnation, comme l'a dit Rose, la grand-mère de Terri :

> Elle a vraiment été sidérée par son bilan d'incarnation. Elle me montre que « *je ne voulais pas poursuivre ma route tout de suite* ». On dirait qu'elle s'écarte de quelques pas, qu'elle s'assoie, complètement éberluée. Et elle me fait sentir : « *Ils m'ont laissée faire ça. Ils m'ont laissée faire ça... C'était comme un choc. C'était comme un choc traumatique. D'être capable de revoir tous les détails de sa vie de cette manière...* » *Elle dit :* « *Tout y était. Non seulement ce que j'avais fait, mais ce que tout le monde avait ressenti. Tous ceux sur lesquels j'avais eu un effet. Après, je ne pouvais pas juste dire "d'accord, c'est fait, tout est terminé"* ». Sa conscience vivait un stress post-traumatique. Ils lui ont permis de souffler un peu pour tout absorber.
>
> Elle doit avoir vécu des expériences vraiment traumatisantes. Elle s'est mise à pleurer. C'était des pleurs d'apitoiement. C'est là que les guides spirituels se sont avancés et ont dit : « *Tu n'as pas besoin de faire ça. Nous n'irons pas par là.* » C'est là que son guide principal, un guide supérieur et un guide moins élevé l'ont relevée et lui ont dit : « *Bon, tu vas bien. Tu t'en sortiras très bien.* » Et quand ils se sont penchés pour la relever, ils ont imprégné sa conscience de ce pardon et de cet amour. Alors, elle a été prête à poursuivre sa route.
>
> Elle a compris que ces évènements tirés de son bilan d'incarnation resteraient dans sa conscience, dans l'enregistrement

de son être, pour ainsi dire. Mais ce n'était pas pour définir qui elle était. C'est ce qu'ils essayaient de lui dire. « *Oui, ces évènements se sont produits. Oui, ils font partie de qui tu es. Mais ils ne te définissent pas – parce que tu continues d'évoluer et de changer.* »

Par ailleurs, certains esprits choisissent de délibérer et de faire l'analyse de leur bilan d'incarnation, comme les esprits du premier et du septième entretien :

Avant de passer à l'étape suivante, il y a eu une analyse du bilan d'incarnation. Encore une fois, ce n'était pas un jugement ou des reproches mais plus comme « *vois-tu comment tu aurais pu faire ça autrement ?* » Il parle d'attachement et dit qu'avant d'être autorisé à passer à autre chose, il avait des sentiments d'attachement dont il devait se défaire par rapport à certains évènements.

Il dit qu'au moment de son bilan d'incarnation, plusieurs personnes – entités – étaient présentes et ont été très impressionnées par lui une fois l'exercice terminé. Il a échangé avec elles durant son bilan. Il n'était pas du genre à rester assis sans dire un mot. Il s'est vraiment distancié au lieu de se laisser absorber ; il critiquait tout et il en parlait avec les guides qui étaient là... il en discutait vraiment avec eux. Ils ont été réellement impressionnés par son ouverture et son empressement à discuter des évènements.

Dans le cas de Diane, l'analyse de son bilan d'incarnation a été facilitée par son père décédé :

Papa a pris l'analyse en main. Ses idées sur le fonctionnement de l'esprit, la manière dont l'esprit psychologique fonctionne, étaient meilleures... Il a dit : « *Je sais que tu as enfoui ces choses-là toute ta vie.* » Il a vraiment apporté du réconfort et... donné de l'ampleur à la relation.

Dans le cas des nouveaux arrivants qui avaient eu une vie terrestre particulièrement éprouvante ou une mauvaise réaction à la suite de leur bilan, un endroit distinct était réservé à leur âme afin qu'elle soit purifiée et renouvelée spirituellement avant de poursuivre sa route. Diane, surtout, en faisait partie. Comme vous le verrez, elle a entrepris de révéler ce qu'elle avait refoulé depuis l'enfance :

> Elle me montre qu'elle passe à côté de l'aire d'attente... Et qu'ils l'emmènent ailleurs... Est-ce qu'elle a perdu un ami ou quelqu'un de plus jeune dans sa jeunesse, dont elle se sentait responsable ? Est-ce qu'elle se sentait responsable de la mort de son frère ? Elle dit : *« Ils ont été obligés d'extirper ça de moi. »* Elle me montre que *« je me suis sentie responsable du décès de quelqu'un »*.

De fait, c'était exactement ce qu'elle m'avait montré. Quand elle était enfant, elle avait laissé son petit frère à vélo dans la rue quelques instants tandis qu'elle rentrait en coup de vent dans la maison pour prendre quelque chose. Durant ce temps, une voiture était passée et avait percuté son frère par accident, le tuant sur le coup. Elle ne se l'était jamais pardonnée. C'était une chose qu'il fallait qu'elle règle avant de passer à la suite. La séance a continué :

> Ils l'ont fait asseoir avec son frère et ils ont vraiment travaillé là-dessus... parce qu'il fallait qu'elle laisse sortir toute cette émotion et c'était comme une grosse explosion. Il y avait toute cette honte et cette culpabilité... *« Je me sens responsable de cette personne qui est morte. »* Il fallait que ces deux-là se retrouvent pour comprendre la dynamique et qu'elle s'en libère. Ils n'ont pas voulu la laisser passer dans l'aire d'attente avant que ce soit fait.

Extrait du neuvième entretien avec le frère défunt de Teri K. :

> Il dit : *« Avant que je me rende à l'aire d'attente, ils m'ont tiré à l'écart. »*

Sur ce, j'ai saisi mon tableau blanc et dessiné une sorte de carte de ce que je voyais en imagination, montrant les endroits où le défunt était conduit :

Ici, il y a la zone du bilan d'incarnation... Il dit : « *En général, quand ils ont terminé, ils se rendent dans cette aire d'attente. Dans mon cas, ils m'ont fait descendre ici. En partie pour... revitaliser l'énergie. Ils n'étaient pas en train de me guérir mais de m'optimiser.* » Donc, il doit être parti avec très peu d'énergie. Et il me fait sentir que ce n'est qu'une partie de l'affaire... Il dit : « *Ici, on donne du counseling... On me propose d'autres façons de voir. Puis, j'ai eu cette* "optimisation d'énergie" *et je me suis rendu là, dans l'aire d'attente.* »

Extrait du douzième entretien avec l'esprit du père de Kourtnie :

Avant d'arriver à l'aire d'attente, il a rencontré son père biologique et quelques autres personnes. Sa mère était là. Son grand-père qui l'avait élevé était là. Il dit : « *Avant d'arriver dans cet autre endroit, il y a eu cette réunion de famille.* » Ensuite, il me montre... faire remonter l'énergie. Comme vous l'avez mentionné, il faisait vraiment une grosse dépression. Elle le vidait de son énergie et le rendait apathique. Il était quasiment prisonnier de lui-même. Donc, voici le moment où il se prépare à passer à la suite, il me le fait comprendre en me montrant qu'ils le purgent et le nettoient de cette énergie apathique ; ils lui redonnent son éclat. Et il dit que c'était facile à faire après avoir passé sa vie en revue « *parce que j'ai compris "eh, les choses n'ont pas été si mal, une fois que je suis sorti de cette période"* ».

Et dans le cas de Brandon, notre suicidé :

Il dit que dans son cas... Il a dû faire de la thérapie pour commencer. Il dit : « *Ils m'ont pris à part, ils m'ont emmené ailleurs* » et là ils l'ont « nourri ». Ils ont fait quelque chose à son énergie pour la nourrir. C'est comme « *j'avais faim ; ils m'ont donné à manger* ». Mais c'est une question de choses intérieures, ça n'a rien à voir avec la nourriture ; tout ça, c'est des choses pour l'intérieur. Est-ce que sa famille avait un chien ?

Brusquement, l'esprit de Brandon m'avait montré l'image d'un chien. C'est très inhabituel pour moi, car je ne canalise pas d'ordinaire d'animaux domestiques. Plus je me concentrais sur l'image, plus je voyais que le chien regardait au plafond. J'ai poursuivi :

> Je crois que le chien l'a vu après son décès. J'en suis certain. Je suis certain que c'est de ça dont il parle. Pendant qu'il est dans cet espace à faire le plein d'énergie, il me montre ceci.

J'ai entrepris de dessiner l'image de Brandon dans l'Au-delà, puis j'ai tiré un trait le reliant au dessin d'une maison :

> Ici, c'est l'espace où il est et il trace cette ligne comme pour dire : *« De retour à la maison, c'est ici la maison. »* Il descend jusqu'au sol et me montre un chien, et le chien regarde vers le haut et le voit. Il voulait en quelque sorte... Ce n'est même pas qu'il voulait, je pense que c'est arrivé par hasard, je pense même qu'il ne savait pas ce qu'il faisait, il s'est juste mis à penser à ceux qu'il avait laissés derrière. Et il en a eu un aperçu, en quelque sorte, et le chien s'en est rendu compte.

Quand il a été question de l'emplacement de cette aire d'attente, nous avons appris qu'elle pouvait prendre de multiples formes. Certains l'ont décrite comme la plaque tournante d'un aéroport ; d'autres, comme une clairière ou un magnifique champ à la campagne. Par ailleurs, les défunts ont aussi mentionné qu'ils n'étaient pas seuls – d'autres ayant récemment quitté la terre s'y trouvaient aussi. Les commentaires ont exprimé comment la foule était habitée d'un mélange d'excitation, d'émerveillement et d'introspection silencieuse. Dans tous les cas, les individus savaient intuitivement qu'ils quitteraient la plaque tournante pour une destination lointaine, même s'ils n'en connaissaient pas exactement l'emplacement ou la nature. Quoi qu'il en soit, ils pouvaient sentir une sorte d'attraction dans leur énergie qui leur a dit qu'un avenir grandiose les attendait. Tiré du douzième entretien avec le père de Kourtnie :

Il dit : « *Bon, j'arrive sur le terrain.* » Il le décrit comme un terrain de football. Il dit que c'est là qu'il était avec de nombreux autres qui venaient juste d'arriver. Il dit : « *Vous vous rappelez comment on se faisait bousculer dans une grande foule ?* » Il me met dans le genre de foule qui assiste à un concert où on est entassé les uns sur les autres... « *Vous vous rappelez comment on avait vraiment chaud, on avait du mal à respirer, ce genre de choses ?* » Il dit que ce n'était pas comme ça. Il y avait beaucoup de gens, mais ce n'était vraiment pas si mal.

Qu'est-ce qui s'est passé là ? Il m'envoie une drôle d'énergie surexcitée. C'était juste cet endroit où, comme tout le monde vient d'arriver, il suppose qu'ils viennent de terminer le bilan de leur incarnation... Il dit qu'il y a toute cette émotion dans l'air. Certains sont dans la béatitude, d'autres paniquent, d'autres ne disent pas un mot... Il dit que c'est toute cette palette d'émotions. Il dit que de son côté, il était calme et s'est dit « *bon, je me suis rendu jusqu'ici, je suis toujours vivant, alors bon sang – je continue ma route* ». Aussi, la raison pour laquelle il en parle est en partie parce qu'il n'aime pas le drame.

Cette dernière remarque a été un trait descriptif essentiel pour identifier le père de Kourtnie. Quand j'ai parlé, le visage de Kourtnie s'est illuminé et elle s'est exclamée : « C'est tout à fait lui. » J'ai poursuivi :

Il regarde les gens et demande : « *Quel est le problème ?* » Mais il sait que tout ira bien pour lui, même s'il ne sait pas ce qui se passera ensuite. Il sait seulement que quelque chose va se produire.

L'image de la plaque tournante achalandée est revenue avec l'esprit de Michael, l'ami de Leah :

Il dit qu'il y avait beaucoup de gens. Ce n'est pas qu'on est seul – il y a d'autres personnes qui débarquent dans cet endroit. Il utilise la métaphore des « vagues de l'océan qui se brisent » pour parler des gens qui meurent en grand nombre tous les jours – des vagues qui frappent le rivage, se brisent et se retirent. Il y a tellement de gens qui vont et viennent constamment, on se fait entasser dans ces endroits. Il dit : *« Une fois que vous êtes au cœur de la plaque tournante, il y a en quelque sorte un sentiment, ou une essence, qui s'attache à vous ; donc, votre destination est déjà programmée dans votre conscience ; en réalité, on n'a pas besoin de penser – c'est une vibration, c'est un sentiment, c'est quelque chose qui crée un lien avec un lieu, si vous voulez l'appeler un lieu. »* Il dit : *« Ça vous mène au niveau suivant. »*

Dans le sixième entretien, le grand-père musulman de Sarah a décrit ainsi ce lieu de transition achalandé :

Il dit qu'il y a une aire d'attente et il me fait sentir que ce n'est pas un endroit dont les gens parlent ou connaissent vraiment l'existence. Ce n'est pas juste une question de « boum » vous êtes ici, puis « boum » vous êtes là. Il dessine un cercle, comme pour dire qu'il y avait cette plaque tournante... Le point de transition, le lieu de transition... Il dit que c'était *« un endroit où un grand nombre d'entre nous qui venions de faire la transition étions rassemblés ».* Il me montre une analogie, prendre un troupeau d'animaux de ferme et les rassembler dans un enclos... L'endroit est seulement là pour les rassembler et les localiser dans un lieu central.

Certains sont vraiment fous de joie, excités, heureux... Il n'était pas aussi joyeux que d'autres. Et il me montre qu'il y avait différentes nationalités, différentes identités à ses côtés. Il n'y avait pas une seule ethnie ou une seule religion ; c'était un mélange de toutes les variantes humaines.

C'est là qu'il a eu l'impression qu'il se passait quelque chose de plus grand. Il y avait un sentiment palpable qui s'y rattachait comme *« d'accord, en débarquant à cet endroit, nous savions juste dans notre for intérieur qu'il y avait quelque chose de formidable à l'horizon. Nous ne pouvions pas vraiment mettre le doigt sur ce que c'était, nous savions juste que c'était là. »* À ce stade, il y a cet immense soupir de soulagement. C'est presque comme si vous reconnaissiez ce sentiment, même si vous ne savez pas tout à fait ce que c'est. Vous le reconnaissez, vous lui faites confiance, vous vous détendez en le sentant. Je sens qu'il a commencé à se détendre. Mais il n'était pas joyeux. Il me montre certaines personnes qui étaient absolument ivres de joie. Ce n'était pas son cas. Je ne sais pas s'il était le genre d'homme à être plus impassible de son vivant et à ne pas vraiment montrer ses émotions, mais en voyant ces personnes dans ce lieu, c'est comme : *« Bon, elles en font un peu trop. »*

L'esprit du père de Debbie a confirmé avoir eu une connaissance intuitive de sa destination :

Il me montre qu'ils (les guides spirituels) l'ont poussé en direction de cette aire d'attente mais il me fait sentir que *« mon séjour là-bas a été tellement court »*, c'est presque comme si *« j'aurais pu m'en exempter »*. C'est comme *« j'avais déjà une sorte de connaissance ou d'inclination par rapport à ce qui m'attendait... Je savais ce qui m'attendait. »* Il est arrivé là puis il est reparti.

La grand-mère de Grace avait vécu à Hong Kong et m'a décrit le lieu de transition comme un temple à plusieurs étages :

Elle me fait sentir qu'*« une fois que j'en ai eu terminé avec cette histoire de bilan, l'aire d'attente était à l'étage supérieur, comme dans un temple »*. Alors, ils l'ont emmenée dans ce temple, un étage plus haut, et elle est avec beaucoup de gens, avec des foules de gens. Elle dit : *« Ce sont les autres qui sont morts à peu près en même temps que moi et qui ont fini de passer leur vie en revue. Il y a ce lieu où nous sommes emmenés avant de passer au prochain endroit. »* Elle dit : *« Nous ne savons pas où nous allons en partant d'ici, seulement que nous nous rendrons quelque part. Il y a cette certitude intérieure qui nous dit que nous allons quelque part. Nous sommes en sécurité. »*

Elle dit qu'on reste là avec ce groupe de gens. Certains sont en état de choc à cause de leur bilan d'incarnation. Certains échangent avec d'autres sur ce qu'ils ont vécu.

« Ce que nous avions tous remarqué, c'était que nous avions intérieurement la "conviction" que nous allions être emportés ailleurs, jusqu'à l'endroit où se trouvait notre nouveau milieu de vie. Nous ne savions pas où c'était mais nous savions que nous pouvions avoir confiance ; il y avait un sentiment qui l'accompagnait. » Elle dit : *« J'étais plus ou moins remplie d'humilité… »* Le sentiment est bien d'humilité… Elle me fait sentir qu'elle a parlé à quelques personnes à cet endroit mais ce n'était pas pour jouer les mondanités… il n'y avait pas beaucoup de paroles échangées, parce qu'elle était encore sous le choc de ce qu'elle venait de vivre.

Quand est finalement venu le moment de passer à la suite, j'ai eu la chance de recevoir quelques images très intéressantes de la part des défunts. Tiré du dixième entretien, voici comment l'esprit de la mère de Marti décrit son départ de la plaque tournante :

Elle voit des sphères d'énergie tourbillonnante… Les gens se font envelopper et disparaissent, on dirait qu'ils s'élèvent et disparaissent. Elle dit qu'après quelques secondes, *« j'ai baissé les yeux sur la clairière et je l'ai vue disparaître. Puis j'ai été entourée d'espace. Et ensuite… »* Ensuite, elle dit qu'il y avait ce brouillard… *« Et lorsque le brouillard s'est dissipé, j'étais dans un environnement complètement différent. »* Elle n'a pas vécu dans un quartier très industrialisé en grandissant, non ? [C'était le cas.]

Elle me fait sentir que *« j'atterris au milieu de la rue et il y a… les choses étaient comme ça quand j'étais enfant… il n'y a pas beaucoup d'industries »*, même pas certain qu'il y ait l'électricité… tout ça me semble très ancien.

L'esprit de la mère de Gabi (qui n'aimait pas la vitesse, si vous vous souvenez bien) a décrit son départ à peu près dans les mêmes termes :

On lui a dit de *« fermer les yeux pour ça »*. Elle a pu sentir... Elle dit : *« C'est une sensation étrange, parce que je peux sentir le sol sous mes pieds, mais je sens en même temps que je bouge. »* Sensation de mouvement étrange... Elle sait que le mouvement se fait vers le haut et en tournant. Elle dit qu'elle a ouvert les yeux à un moment donné pour voir ce qui se passait et qu'elle n'a vu que des éclairs de lumière qui la dépassaient. Elle dit qu'elle se sentait protégée, comme si *« je ne vole pas dans l'espace intersidéral »*. Elle dit : *« Je me sentais en sécurité, mais il y avait ces éclairs de lumière. Puis, tout s'est arrêté d'un coup ; j'ai ouvert les yeux et j'étais de nouveau dehors, mais dans un espace et un lieu tout à fait différent. Et puis, il y avait plus qu'uniquement maman et papa à cet endroit ; il y avait tout un groupe de gens »* et ils l'ont acclamée comme si c'était la fête.

Apparemment, une fois le bilan d'incarnation terminé, les nouveaux arrivants en provenance de la terre sont rassemblés et ont le sentiment intuitif de leur destination suivante. Aucun indice ne m'a été fourni quant à la *manière* dont les groupes sont formés, mais l'ethnie et la religion ne semblent pas jouer de rôle dans la structure générale d'un groupe. Il n'y a peut-être pas d'autre structure que le regroupement défini par l'heure de la mort, puisqu'on meurt à toute heure du jour et de la nuit et dans toutes les conditions. Une fois qu'on a compris que la mort n'est pas la fin et que l'individu perdure, le type de mort n'est peut-être pas un critère important pour définir les groupes. Pour parler franchement, personne dans les entretiens de *L'après-vie dévoilée* ne m'ayant fait sentir que les groupes sont « filtrés » par un critère ou un autre, un groupe formé à partir de l'heure de la mort rassemblerait toutes sortes d'individus.

Quoi qu'il en soit, tout le monde n'est pas destiné à rejoindre le même lieu, ce qui pourrait très bien être affaire de choix, de préférence ou d'autres facteurs (que nous aborderons plus tard). Donc, une fois le bilan d'incarnation terminé, il y a encore ce lieu intermédiaire, où l'âme fait le point avant de s'embarquer pour la félicité.

Question 6 :

AUTRES DÉTAILS SUR L'EXPÉRIENCE DE LA MORT

Avez-vous d'autres commentaires à faire sur l'expérience de la mort ?

J'ai conclu la section sur le processus de la mort par cette question ouverte. Selon moi, comme les questions posées jusqu'ici avaient orienté la discussion, il y avait toujours la possibilité que j'aie oublié quelque chose. Par ailleurs, je voulais que les défunts aient l'occasion d'exprimer leurs opinions personnelles. Il est vraiment rassurant d'entendre et de sentir ce qu'ils ont choisi de dire.

Extrait du premier entretien, avec l'esprit de Michael :

Il dit : « *En réalité, c'est incroyablement facile et sans douleur. L'aspect douleur dure comme deux secondes avant que ça arrive, à cause du "qu'est-ce qui va se passer ensuite ?" Le côté douleur et peur est entièrement du côté terrestre des dimensions. Le mouvement lui-même, le fait de passer d'un seuil à l'autre est parfaitement sans douleur. C'est en réalité très libérateur* », comme s'il était prisonnier (je ne sais pas s'il se sentait piégé dans le corps ou les conditions du corps). Il y avait cette impression de liberté qui venait à lui.

Extrait du deuxième entretien, avec Brandon:

« Ne vous y prenez pas comme je l'ai fait, si vous devez le faire. » Quand il dit *« ne vous y prenez pas comme je l'ai fait »*, il ne dit pas de *« vivre une vie grandiose et de mourir de causes naturelles »* – ce genre de chose. Il s'exprime très clairement à partir de son expérience en disant *« ne vous y prenez surtout pas comme je l'ai fait. Choisissez autre chose »*.

Extrait du troisième entretien, avec le père de Nancy:

« C'est paisible et vous aurez des amis qui vous aideront. » Il me fait sentir qu'il se considérait un peu comme un trouillard sur la question de la mort, pas comme un dur. C'est un de ces commentaires du genre *« si je peux passer au travers, n'importe qui peut le faire. J'aurais été le plus trouillard de tous si c'était difficile »*, ce genre d'impression. Dans le sens *« s'il avait fallu que ce soit difficile, je ne l'aurais pas fait »*. *« Agréable »* n'est pas le mot qu'il emploie, c'est *« facile »*. Facile en termes de processus, pas de ce qu'on ressent.

Extrait du cinquième entretien, avec le père de Cynthia dans l'Au-delà:

Il dit: *« C'est un des moments les plus libérateurs de votre existence. »* Il écrit le mot *« définit »*.... *« Il définit largement la raison générale de votre présence ici. C'est comme placer un morceau de puzzle dans le puzzle et avoir enfin une idée de ce que l'image est censée représenter. »* La mort lui a permis de mettre en perspective la raison de sa venue ici... Il était un peu plus avancé dans l'élévation de sa conscience... Il avait certaines idées très pénétrantes sur la nature de l'univers. Il dit qu'il avait une partie de cette connaissance ici, *« donc, quand j'ai vu tout ça, j'ai pu rassembler les pièces du puzzle* ». Il a compris quelle était la place des pièces du puzzle du fait d'avoir vécu le processus.

Extrait du sixième entretien, avec le grand-père musulman de Sarah :

Il me montre très vite le mot « *apparat* »... Il dit : « *C'est l'apparat de la vie que vous laissez derrière. L'expérience de la mort, c'est le film de votre vie qu'on vous passe. C'est l'accueil de votre vie. Pour vous en réjouir, pour revoir des choses que vous pourrez avoir oubliées ou perdues* »... Produit, produit... « *C'est un produit de votre vie... La mort révèle le produit de votre vie.* » Et quand il dit ça, il me fait sentir que ça vaut vraiment la peine de se réjouir. Maintenant qu'il est parti depuis longtemps, il se sent comme quelqu'un qui est ivre de joie quand il pense au processus de la mort. Ce n'est pas ce qu'il a ressenti en le vivant mais en rétrospective, c'est de ça dont il est question, au fond. C'est le grand spectacle de votre vie ; c'est à honorer, ressentir de la joie pour ce que vous avez offert au monde et ce que vous avez fait. Il dit : « *Loué soit... loué soit...* » C'est faire l'éloge de la vie au lieu de l'envisager avec une attitude de jugement et d'auto-condamnation.

Extrait du dixième entretien, avec l'esprit de la mère de Marti :

J'entends que le paradis est beaucoup plus libre que l'idée que nous nous en faisons. Elle prend le jardin d'Éden au paradis et se met à capter toute cette énergie de lumière blanche et la fait monter dans le ciel comme des papillons. C'est comme, c'est beaucoup plus libre et ouvert que ce que nous avons connu. Je me sens vraiment, vraiment libre – il n'y a pas de contraintes, il n'y a pas de chaînes. Elle dit : « *Il y a des choix et des possibilités.* » Il n'y a pas de limite quand elle me montre les papillons et l'énergie qui circule autour. Toutes les choses prédéfinies qui doivent arriver ne sont en réalité que des possibilités, elles ne sont pas gravées dans la pierre.

Extrait du quatorzième entretien, avec l'esprit de Diane :

Elle dit : « *N'ayez pas peur de la mort. Vous pouvez la traverser avec assurance.* » Elle soutient ce qu'elle vient de dire avec – la plupart des gens ont cette grande peur à l'heure de la mort. Ils craignent de perdre le contrôle... Mais elle me fait sentir que « *vous pouvez conserver votre pouvoir, votre assurance. Personne ne veut vous les enlever... Tout le monde a cette grande peur du jugement...* » Elle fait comme « *oubliez ça... Restez ancré dans votre être et vous vous en sortirez très bien* ».

Pour finir, j'aimerais conclure avec le neuvième entretien. En s'exprimant à travers moi, le frère de Teri K. a formulé les choses de façon très concise par une image vraiment poignante :

Il indique la poitrine et il dit : « *C'est tellement merveilleux de respirer à pleins poumons. C'est vraiment ça, vivre.* »

Question 7 :

VOTRE IDENTITÉ

Avez-vous perdu des aspects de votre identité en mourant ? Avez-vous gagné autre chose ? Quoi ?

J'étais curieux de savoir si, en mourant, on perd plus que son corps matériel. Étant donné que nous sommes si bien intégrés au monde physique tridimensionnel, je me demandais quel effet ferait la rupture avec l'environnement matériel après la mort. Pareillement, entre son divorce d'avec la réalité matérielle et son union avec le monde spirituel, l'individu qui vient de mourir acquiert-il quelque chose qu'il n'avait pas avant d'arriver dans l'Au-delà ?

Les réponses à la question ont semblé indiquer que le changement se produit plus dans la mentalité de l'être – comment il pense – que de façon tangible. Les gens croient souvent qu'en quittant cette vallée de larmes, tout le savoir de l'univers est mis à leur disposition. Ce n'est apparemment pas le cas, mais on ne nous fait assurément pas sentir que nous sommes inadéquats parce que nous sommes ignorants. Néanmoins, tout ce qui compose notre personnalité et les qualités intrinsèques que nous avons le sentiment d'avoir, survit à la mort.

Dans le troisième entretien, le père de Nancy commence par décrire la continuité de l'identité individuelle :

Il dit que pour ce qui est de son identité, il n'a rien perdu. En fait, il a essayé de s'y accrocher parce qu'il était... *« Je suis en terrain inconnu ici. »* C'est presque comme un choc culturel. Vous arrivez dans un nouveau pays... Donc, il s'est accroché au sens de son identité. En termes d'acquis, il me fait sentir qu'il sait mieux comment se détendre à présent. Et comment il me le montre est... Il arrive en s'accrochant à son identité... *« Je suis tendu, je m'accroche à elle puis elle s'assouplit. »* Elle est toute douce et transparente, comme une sorte de petite brise.

Pour ce qui est d'un grand savoir qui vous donne des pouvoirs magiques, non. Mais il dit qu'on y gagne vraiment un autre point de vue sur soi. Il dit : *« Tout est très centré sur vous... Votre développement dans le processus. »*

Dans le cinquième entretien, le père de Cynthia ajoute ceci :

Les aspects de l'identité... Il me fait sentir que *« je serai toujours qui je suis... la personnalité ne change pas »*. Donc, les souvenirs que vous avez de sa façon d'être, de faire les choses, de réagir, de répondre... il est encore comme ça. Il l'apporte avec lui. C'est presque comme... *« moule »* n'est pas le bon terme... *« patron »*... Il dit que la personnalité a un patron et que c'est ce patron qui continue de vivre. Acquis... acquis... il dit : *« Oui, on gagne une nouvelle perspective et une nouvelle conscience. »* Puis il dit : *« Mais c'est seulement parce qu'on est maintenant dans un nouvel environnement. »* Un exemple : quand vous regardez votre maison par la fenêtre de la maison de votre voisin. Vous avez votre point de vue quand vous êtes sur terre puis vous mourez et vous voyez simplement les choses d'un autre point de vue. C'est votre acquis – ce nouveau point de vue. Toute l'idée qu'un savoir immense et total sur la nature de l'univers est conféré, il dit : *« non »*.

Le grand-père musulman de Sarah a confirmé ces propos :

Il me fait sentir qu'il a été soulagé de pouvoir conserver son identité. Je crois qu'il avait peur qu'en mourant, on perde une partie de soi... on serait absorbé par quelque chose de plus grand et on n'existerait plus. Il me fait sentir : *« je suis vraiment soulagé d'avoir pu conserver mon identité »*. Et il me montre qu'il ôte une couverture, comme pour dire *« j'ai été capable de me défaire d'un tas d'autres choses qui n'auraient jamais dues être là pour commencer »*. Il dit : *« J'ai ôté les œillères qui m'aveuglaient. »* Il me fait sentir que, en portant les œillères... j'entends : *« Faire disparaître le monde »*. Comme pour dire, la seule chose qui comptait était ce qui se trouvait dans les limites des œillères. Tout le reste était méchant, faux, mauvais – peu importe comment vous le dites – quand il n'en était rien, en fait. Les œillères étaient une perception bidon.

Cette idée de perceptions erronées a aussi été évoquée par Diane dans le quatorzième entretien. Vous souvenez-vous que j'ai mentionné plus tôt qu'elle avait une formation scientifique ? C'est sorti dans sa réponse à cette question, comme le montre la transcription :

Elle n'arrête pas de me montrer son cerveau et de le sortir. Elle avait des idées préconçues sur le fonctionnement du monde ou de l'univers et c'est ce qui a été extrait d'elle. Elle montre le mot *« physique »* et le sort... et dit que ça, c'est parti. Qu'est-ce qu'elle a acquis ? Elle dit : *« Quand j'ai perdu cette partie, c'était sans importance. »* Tu sais, si certaines personnes devaient se défaire de ce genre d'idées, ce serait dévastateur pour leur ego et leur intellect ; elle dit que *« j'ai quand même pu conserver ma personnalité et ma façon d'être... »* Elle dit : *« En perdant tout ça, je ne me suis pas perdue. Cela a changé ma vision et comment je m'insère dans cette vision... »* *« Expression »* est aussi là quelque part parce que j'arrête pas de voir le mot *« expression »*. Mais elle dit : *« Qui j'étais n'est pas mort quand cette partie a disparu, j'étais toujours moi-même. »*

Ce qui a été acquis en passant de la dimension terrestre à la dimension spirituelle, c'est une toute nouvelle façon de voir les choses. Non seulement la vie en général, mais les esprits en particulier. Une évaluation combinée des réponses a montré quelque chose qui ouvrait l'intellect de l'individu et lui prodiguait en même temps de l'encouragement et de l'espoir pour le futur – un sentiment auto-nourricier dont il avait manqué de son vivant sur terre. Au premier regard, tout cela semblait terriblement intéressé jusqu'à ce que nous nous souvenions que toutes choses dans l'univers sont interdépendantes et Unes – si une seule personne peut atteindre le sommet de l'excellence, de la bienveillance et de l'amour, sa réussite influe sur toutes les autres. Nous en avons eu un exemple dans le premier entretien avec Michael, le cher ami de ma consultante, Leah :

> Il dit : « *Si vous voulez parler de l'idée selon laquelle la transition, le passage d'ici à là, efface certaines choses de votre esprit, non, non, non.* » Il dit : « *Vous les apportez avec vous. Plus vous continuez de progresser dans cette dimension, plus vous finissez par en laisser derrière ; donc, il y a un lâcher-prise graduel de pas mal tout ce que vous ne voulez plus garder dans votre être... Mais, pour ce qui est de passer d'ici à là, non, vous ne perdez pas qui vous êtes.* » Ce qui est acquis ? L'amour de soi. Il me le montre dans une image. Il me le montre sombre et noir au sommet, lumineux au fond après la transition. Cette dimension terrestre, il la fait noire et l'apporte avec lui dans l'Au-delà. Après avoir passé sa vie en revue, il a acquis un nouveau respect pour lui-même. Il dit : « *Ce n'est pas si facile. Il a fallu que je me fasse aider par quelques personnes qui étaient là. Ça vient toujours de vous – ils ne vous le servent pas sur un plateau. Tout ce qu'ils peuvent faire, c'est vous donner... des indices, des filons et des révélations.* »

En fonction de cette réponse, on peut présumer qu'après leur passage dans le monde des esprits, ceux qui y sont depuis longtemps peuvent nous inspirer et nous montrer comment nous défaire de nos vies terrestres échues. Mais comme pour toutes choses, le choix de notre évolution future n'appartient qu'à nous et il n'est pas nécessairement facile de se défaire des liens qui nous emprisonnent, comme l'a expliqué Brandon dans le deuxième entretien :

Il dit qu'on ne perd rien. Et c'était un des... Il se sent vraiment accablé à propos de ça. Je pense que c'est à cause de la façon dont il est mort. Il voulait perdre tout ça, mais il n'y est pas parvenu. Ce n'était pas comme *« je suis transformé à présent, tout a disparu »*. Il dit à cause des émotions... elles ne disparaissent pas. Quand il est arrivé là-bas... *« Tout est dans mes émotions, mes émotions... Parce que ça n'a pas marché... ces émotions étaient encore en moi quand je suis arrivé ici. Elles ne disparaissent pas. »* Qu'est-ce qu'on gagne ? Ce qu'on gagne, c'est une perspective, une façon de voir et d'être qui permet de se libérer. Cependant, il dit : *« Je ne me suis pas complètement défait de tout mais j'ai... Je ne me sens plus si émotif par rapport à ça à présent. »* Il a encore les souvenirs mais ils ne l'affectent plus autant.

Dans le quatrième entretien, la grand-mère de Grace me l'a expliqué de cette manière :

Elle dit : *« Je n'ai rien perdu. En fait, ce que j'ai acquis a été un point de vue plus éclairé sur qui j'avais été dans ma vie. Il m'a donné une vision plus large de qui j'étais. »* Ils ont ouvert son esprit à... être moins critique à son égard, plus ouverte avec elle-même. Elle dit que la seule chose qu'elle a perdue était le corps qu'elle a laissé derrière elle et qu'elle était bien contente de le perdre.

Il est clair que le bilan d'incarnation joue un grand rôle dans ce processus d'acquisition de sagesse, comme le prouve Rose dans le onzième entretien :

Elle me fait sentir qu'il y a certains aspects de son identité qu'elle a perdus. Selon moi, elle me fait sentir que c'est en rapport avec le besoin de tout contrôler – parce qu'elle n'arrête pas de taper du poing sur une table. *« C'est la partie de mon identité que j'ai perdue. Je voulais tout régenter et tout faire selon mes quatre volontés. »*

Bien entendu, Terri a hoché la tête tout le temps que j'ai tracé ce portrait de la personnalité de sa grand-mère. Apparemment, Rose avait été très soupe au lait dans sa jeunesse, ce dont je n'avais jamais été témoin en la rencontrant avant son décès. J'ai continué de relayer le flot d'images et de sentiments qu'elle me présentait :

> Elle dit : « *Cette partie de mon identité, je l'ai perdue.* » Ensuite, elle met ce qu'elle vient de dire en contraste en ajoutant « *parce que j'ai compris que c'est une relation de coopération entre tout le monde* ». Je pense que c'était l'aspect le plus important de son bilan d'incarnation, de tout voir et de constater l'impact qu'elle avait eu sur les gens. Elle aurait pu avoir une relation – d'échange avec les gens, plutôt que « *faites ceci, faites cela* ».

Et aussi ceci, de l'esprit du père de Kourtnie dans le douzième entretien :

> Il me fait sentir comme... « *Des aspects que j'ai perdus ? Non, je n'ai rien perdu.* » Ce qu'il a acquis a été de sentir, en passant sa vie en revue, à quel point il était magnifique, en réalité. Il montre seulement la dernière moitié de son bilan d'incarnation... il l'extrait et dit : « *Wow, c'est moi. Ça, c'est génial.* » Il a découvert comment s'aimer ; c'est ce qu'il a acquis.

Enfin, je pense que la mère de Gabi a vraiment résumé la question dans le treizième entretien. Ce qu'on perd et ce qu'on gagne, en définitive, c'est un nouvel amour pour la vie. Extrait de la transcription :

> L'aspect de son identité qu'elle dit avoir perdu était la nature de cette peur qui l'avait maintenue dans la dépression durant toutes ces décennies (avant de mourir). Je ne sais pas quels étaient ses processus de pensée ou ses motivations pour avoir vécu ça... Pour moi, on dirait de l'autocritique... Elle a perdu ce jugement qu'elle portait sur elle-même. Qu'est-ce qu'elle a acquis ? Elle dit un amour et un respect renouvelé pour la vie – dans le sens qu'elle est beaucoup plus heureuse à présent que lorsqu'elle était

ici. Elle a acquis un nouveau respect que... *« J'aurais aimé avoir ce respect quand j'étais ici (sur terre) parce que cela aurait rendu les choses vraiment bien meilleures pour tout le monde. »* Elle assume à présent le fait que son état a affecté d'autres personnes de son vivant. Elle commence à tracer des cordes à partir de ça et à les diriger vers d'autres personnes. *« Si j'avais été cette personne que je suis à présent, de mon vivant sur terre, je me serais épargnée ainsi que les personnes que j'ai affectées. Mais, ce qui est fait est fait. »* Cependant, elle a acquis un nouveau respect et un nouvel amour pour la vie. Il y a en fait une joie de vivre alors qu'il n'y en avait pas avant.

En bout de ligne, la personnalité de l'âme voyageuse reste intacte. Les attitudes, les joies et même les choses que nous n'aimions pas continuent de nous suivre. Mais grâce au bilan de notre incarnation et à la rupture avec le monde matériel, une toute nouvelle perspective apparaît qui suggère que la fin de la vie sur terre sera suivie d'un élan vers la nouvelle dimension. Comme je l'ai vu décrire ailleurs, quand le rideau tombe sur la vie de quelqu'un sur terre, il se lève sur une scène nouvelle dans l'Au-delà – et c'est là que la *vraie* vie commence.

Question 8 :

LA CONTINUATION DE LA FORME

Avez-vous une nouvelle sorte de corps ou vous êtes sans forme ?

Je me suis toujours interrogé sur cette question. D'abord, si les esprits ne sont pas limités par l'espace, est-ce qu'ils ont un corps ? Et si oui, n'occupent-ils pas en quelque sorte une certaine quantité « d'espace » ? Comme je l'ai appris en faisant les entretiens de *L'après-vie dévoilée*, la vie incarnée et la structure corporelle s'apparentent plus à un phénomène mental qui se solidifie en fonction de la fréquence des différents niveaux de conscience. C'est-à-dire que les choses que nous pensons *« solides »* le seront. Voyons les choses en face, dans le monde tridimensionnel dans lequel nous vivons en ce moment, la science sait qu'un atome est constitué de 99 % de vide. De la même manière, bien qu'on puisse fendre l'eau en plongeant, elle peut parfois frapper comme un mur de briques quand on y tombe en faisant un plat exceptionnel (c'est la réponse qui m'a été montrée dans les entretiens).

Quand ils ont eu à répondre à cette question, les amis ou parents décédés de mes consultants ont tous affirmé avoir un nouveau corps – que nous considérerions sur terre comme étant *à la fois* solide et fluide, si nous étions pour en faire l'expérience dans le monde spirituel. Dans le troisième entretien, le père de Nancy avait ceci à dire :

> Il a une nouvelle sorte de corps et il dit qu'il est tout à fait solide. Il se frappe l'abdomen. Il fait certainement allusion au caractère solide du corps. Il dit : « *Vous ne comprenez pas, vous ne comprenez vraiment pas mais il est solide.* » Il le désigne... des petites bulles de cellules et de choses qui éclatent, éclatent, éclatent... et dit : « *C'est ce que vous faites déjà, vous êtes juste dans une zone différente de la mienne, mais je n'en suis pas moins aussi solide que vous.* »

La mention des « petites bulles » m'a fait penser à la totalité des cellules et des atomes composant notre organisme. Le grand-père de Sarah a eu ceci à dire dans le sixième entretien :

> Il me fait sentir que j'ai sans conteste un corps. Il lui fait percuter le sol et dit : « *J'ai de la force, j'ai une structure.* »

Heureusement, plusieurs défunts ont bien voulu nous donner aussi un aperçu de la nature fluide du corps. Ce n'est pas très différent de notre corps terrestre – où chaque cellule sera morte et aura été remplacée tous les sept ans. Le fait que nous n'ayons pas la même apparence qu'il y a cinq, dix ou vingt ans (comme ce sera le cas dans le futur), nous permet de saisir la malléabilité du corps terrestre. En revanche, le corps que nous avons dans l'Au-delà n'étant pas tributaire du temps, la notion de dégénérescence ou de vieillissement est sans objet. La fréquence ou la vitesse à laquelle le royaume spirituel vibre est immensément plus rapide que la nôtre, selon les esprits qui sont venus en parler. Apparemment, cette rapidité de l'énergie dans l'Au-delà empêche la maladie et la dégénérescence de diverses manières. Qui plus est, la primauté de la conscience et le pouvoir de la pensée individuelle ont plus de réalité observable étant donné cette fréquence ou vitesse ; sur terre, nos pensées influencent et créent vraiment la réalité et l'expérience, mais à travers le prisme du temps – un processus qui évolue plus lentement. Par ailleurs, comme le temps n'est plus le héraut du déclin, les défunts peuvent rester libres du vieillissement, une condition terrestre, comme l'a expliqué la grand-mère de Grace dans le quatrième entretien :

> Elle a pris une forme. Elle prend l'image du corps et le ramène trente ou quarante ans en arrière, ce qui rajeunit son apparence.

L'esprit du père de Cynthia l'explique ainsi dans le cinquième entretien :

> Il le qualifierait de corps mais est très conscient de sa nature fluide. En un sens, il n'est pas différent de notre corps actuel avec ses cellules et ses atomes... C'est juste une autre plage de fréquence. Et il dit : « *Il va beaucoup plus vite, beaucoup plus vite* », et c'est cette vitesse qui explique que le corps spirituel ne connaisse pas de maux, de maladie ou de déclin... parce que l'énergie bouge tellement plus vite, comme pour rester imperméable à certaines conditions.

Et selon Rose, dans le onzième entretien :

> Elle me fait sentir qu'elle a adopté un nouveau corps. Elle m'en fait sentir le poids, comme pour dire : « *J'ai une forme, j'ai un corps que j'ai adopté et accepté. Et je suis de nouveau dans la vingtaine. Je ne suis plus la vieille femme frêle d'avant. J'ai de nouveau vingt ans.* » Et elle dit : « *J'aime toujours boire.* » Buvait-elle ?

Terri a répondu que Rose n'avait pas vraiment bu une fois adulte mais qu'il ne manquait pas d'histoires échevelées sur ses beuveries de jeunesse où elle dépassait les bornes. Apparemment, elle ne supportait pas l'alcool de son vivant mais à présent qu'elle était dans l'Au-delà, elle m'a fait sentir qu'elle se payait un peu la traite avec ce nouveau corps.

Le rôle du médium est de canaliser l'information venue de l'esprit. Pour cela, je dois focaliser entièrement sur le présent et laisser simplement les messages passer à travers moi, peu importe leur nature. Je ne fais rien pour me souvenir de l'information ou la retenir – au contraire, je veux juste la recevoir et la verbaliser. Et comme j'enregistrais et transcrivais ces séances, j'étais moins porté à me rappeler ce que disait un esprit d'une fois à l'autre. Quoi qu'il en soit, quelques âmes ont décrit la nature de ce nouveau corps en termes analogues. Ce n'est pas avant d'entreprendre de passer les réponses au crible que je me suis rendu compte à quel point ces descriptions étaient incroyables. D'une certaine manière, je les ai vues comme se complétant mutuellement. Le fait que plus d'un esprit ait décrit le corps dans les mêmes termes (comme vous le verrez aussi dans la question suivante) a été extraordinaire à mes yeux – et ces entretiens ont eu lieu à plusieurs mois d'intervalle. Rappelez-vous ce que le père de Nancy avait dit :

> Il le désigne... des petites bulles de cellules et de choses qui éclatent, éclatent, éclatent...

C'était cette description de petites bulles qui n'arrêtait pas de ressurgir, comme ici par le père de Cynthia :

> Il me montre une boisson gazeuse vraiment épaisse. Vous avez toutes ces bulles pétillantes et il dit : *« Ajoutez encore quelques millions de bulles et voyez à quelle densité vous arrivez. »*

Certains esprits avaient compris que le corps était une projection de leur cible de pensée et s'en servaient simplement à des fins d'identification. C'est ce que m'a dit l'esprit de la mère de Marti dans le dixième entretien :

> Elle dit que par certains côtés, elle n'est pas obligée d'avoir un corps mais qu'elle préfère en projeter un... Je pense que c'est plus pour les autres que pour elle. Elle le fait très... je veux dire *fluide*... ce qui veut dire, je pense qu'elle peut en changer à volonté. Elle me fait sentir que... Elle dit :

« C'est vraiment bon pour papa, ton père, d'avoir ce corps à voir ici. » Je pense qu'elle le fait pour faire du bien aux autres et pas nécessairement pour elle.

Et dans le septième entretien, le père de Debbie a ajouté ceci :

Il dit : *« Je ne pourrais pas supporter de ne pas avoir de forme. »* Il se redresse et rentre le ventre. *« Ouais, j'ai la forme »* et il rentre le ventre.

Au cours du treizième entretien, la mère de Gabi est venue dire ceci :

Elle est incapable d'imaginer de ne pas avoir de forme... Son identité est indissociable d'une forme. Elle dit : *« Ce corps n'est pas très différent de ce que vous avez en ce moment. Mais étant donné la nature de la dynamique énergétique, il ne se transforme pas en cadavre. »* Elle dit : *« De votre point de vue, vous le verriez comme une énergie pure »*, mais à part ça, à cause de la manière dont les choses fonctionnent, on peut le toucher, on peut le frapper, on peut faire tout ça... Donc, il a encore le toucher... du répondant. Mais, parce qu'il vibre à une autre fréquence que la vôtre et la mienne, nous ne pouvons pas en faire l'expérience sous cette forme. Elle dit : *« Une fois que vous arrivez ici, vous comprenez que votre corps est une fréquence énergétique et que vous ne pouvez pas attraper de maladie. Le processus cyclique vie/mort/décomposition... n'existe tout simplement pas, parce que tout est vivant. Il ne fait que produire et créer... produire et créer. »* Elle dit : *« Le senti de votre corps vous appartient, l'évolution de votre corps vous appartient... »* Elle dit : *« Pourquoi le feriez-vous dense et sujet à la douleur quand vous savez que vous pouvez le faire libre et ouvert ? Vous comprenez que vous êtes totalement maître de comment ça marche. »* Ça a quelque chose à voir avec la vitesse à laquelle tout bouge. Elle dit : *« En raison de la vitesse à laquelle nous bougeons, nous n'avons besoin de rien pour le sustenter afin de le maintenir ; nous n'avons besoin de rien pour le faire fonctionner. »* Elle dit : *« Ce n'est pas une pile ou un moteur que vous devez alimenter en essence: c'est juste l'énergie et la vie en mouvement.* »

Et enfin Diane, dans le quatorzième entretien:

Elle dit: « *Oh, ma chérie, à présent je peux rentrer le ventre et j'ai des gros nichons.* »

Ma consultante, Heidi, a éclaté de rire. Apparemment, Diane n'avait pas seulement la répartie coquine mais avait aussi eu un gros problème de poids de son vivant. Elle a poursuivi:

Elle rit ... Elle peut avoir le corps d'une top modèle à présent. Elle me montre Jessica Rabbit. « *Je peux avoir ça maintenant.* » Elle me fait sentir qu'elle a vraiment une forme... elle met la solidité derrière. Elle me fait sentir que c'est une forme très fluide, « *mais si je veux sentir quelque chose, je vais le sentir comme vous* ». Elle dit: « *Je comprends que c'est une matrice énergétique du corps.* » Elle dit: « *C'est comme votre corps en ce moment, un tissu d'atomes et le reste.* » Même chose là-bas, juste une autre fréquence. Elle dit que le corps physique fonctionne dans le cadre des lois et des structures du monde matériel dans lequel nous vivons... Elle dit: « *Faites-le passer au niveau suivant, je suis à présent dans un autre environnement énergétique, donc mon corps travaille avec les lois et la fréquence de ce nouvel environnement. C'est une explication parallèle.* »

Il semble donc que lorsque vous faites l'expérience d'un concept ou d'une identité corporelle dans le monde matériel, le concept vous suive dans l'Au-delà. Cependant, il est admis que le nouveau corps est choisi par le mental de la personnalité – taille, poids, apparence, âge, etc. Comme la fréquence énergétique de l'environnement des âmes dans l'Au-delà est beaucoup plus rapide que la lente densité terrestre, il semble que les lois physiques et biologiques que nous connaissons disparaissent. Le déclin, sinon la destruction du corps et de ses organes, ne semble pas possible sur la plage de fréquence énergétique de l'Au-delà, ce qui permet à tous ses occupants d'être vus comme les entités éternelles qu'ils sont assurément.

Question 9 :

LE CORPS D'ÉNERGIE ET LA PENSÉE

Si vous avez un nouveau corps dans l'Au-delà, pouvez-vous nous le décrire ?

Dans bien des cas, les réponses à cette question ont plus ou moins élaboré sur la précédente. Ici encore, les esprits ont donné des images de boisson gazeuse pour illustrer la structure du corps. Comme précédemment, je pense que c'était une analogie pour montrer que le corps que nous avons actuellement sur terre est très semblable – avec les atomes et les molécules comme représentations des bulles gazéifiées. Tous les esprits qui sont venus parler dans les entretiens ont souligné la plasticité de leur nouveau corps et le lien entre cette malléabilité et leur mentalité. Selon Michael dans le premier entretien :

> Il dit qu'il est très malléable. « *Vous pouvez pousser vos réflexions jusqu'au bout* », quoi que ça puisse vouloir dire. Je pense qu'il parle de... Était-il maigrichon de son vivant ?

Ma consultante, Leah, a répondu par l'affirmative.

Il dit: *« Si vous vouliez avoir de beaux muscles toniques que vous n'aviez pas, vous pouvez les avoir juste en y pensant. Je peux changer d'apparence à volonté. »*

Puis, Brandon a fourni un aperçu intéressant des possibilités créées par l'absence de gravité:

Il est très, très léger. Il compare ça à être sur la Lune. Vous pouvez sauter et faire des culbutes et la gravité ne vous tirera pas vers le bas. C'est ce genre de chose... Il est très ouvert à ce qu'on peut faire. Il me donne l'image de Superman, comme pour dire: *« Je suis à l'épreuve des balles. C'est comme du téflon, on ne peut pas l'égratigner, le brûler, lui faire du mal ni rien. C'est comme si jétais Superman. »*

Comme je l'ai déjà dit, l'image des bulles est revenue souvent, comme on le voit dans ces extraits tirés de deux entretiens:

Elle me dit... pour vous... ce sont des petites particules qui bouillonnent constamment l'une autour de l'autre. Il y en a tellement, elles créent l'illusion de la forme et pourtant, c'est quelque chose que vous pouvez traverser. Vous pouvez avoir la densité quand vous la voulez, de son point de vue.

Il me montre un verre d'eau gazeuse avec des bulles et il le passe sur son visage. Il me montre sa moustache qui pousse puis disparaît. Il dit que c'est de l'énergie que vous pouvez manipuler à votre guise pour obtenir l'image que vous voulez.

La réponse prédominante à cette question a été que le corps spirituel est fait de lumière – et que sa vibration est très rapide. Les esprits ont suggéré que cette fréquence plus élevée expliquait l'absence de maladie qui attaque « apparemment » le corps charnel. Ils ont aussi admis qu'ils étaient responsables de la construction de leur nouveau corps de lumière dans l'Au-delà. Voici ce que la grand-mère de Grace a eu à dire dans le quatrième entretien:

Elle parle de quelque chose à propos de la lumière… C'est de la lumière, c'est de la lumière… Elle me transmet une allusion à la mer… Vous pouvez plonger votre main dans l'eau et pourtant, vous pouvez aussi la frapper du plat de la main et elle est solide.

Et ceci, du père de Cynthia, dans le cinquième entretien :

Et il fait une sorte de commentaire à propos de la lumière… la lumière étant reliée au corps, mais je ne comprends pas quel est le lien. Est-ce qu'il a subi une chirurgie invasive ?

Cynthia a confirmé qu'il avait subi une grosse opération.

Il n'arrête pas de me montrer les grosses coupures et de s'en servir pour dire : *« Ça n'arrive pas ici. »* C'est là qu'il me parle de lumière. *« Comme le corps est fait de lumière, nous ne sommes pas obligés de le découper comme un bout de tissu. »* Et cette vitesse… la vitesse est un message très important.

Et tiré du sixième entretien avec le grand-père musulman de Sarah :

Il s'avance jusqu'ici, comme pour dire *« voici mon corps »* et il en fait sortir un éclair de lumière. Il dit : *« Elle se répand de l'intérieur… »* Donc, il fait allusion au fait qu'il sait que son corps vient de son entité. Ce n'est pas quelque chose qui est enfilé comme un vêtement, c'est quelque chose qu'il crée. Il dit : *« Parce que je pense de cette manière, je peux gouverner ce qu'il ressent et ce qui lui arrive. »* Il dit que notre problème ici sur terre est en partie que nous ne comprenons pas comment nos pensées agissent sur le corps. Il me fait sentir que, ici sur terre, étant donné que c'est un environnement qui bouge beaucoup plus lentement, avec un processus d'évolution plus lent, nos pensées – parce qu'elles sont lentes – n'affectent pas massivement le corps d'un coup. Mais il dit : *« Les maladies et les choses que vous ressentez sur terre viennent de votre mental et de nulle part ailleurs ; c'est juste qu'il faut parfois un peu de temps pour que les mauvaises pensées apparaissent dans votre corps.* » Mais dans l'Au-delà, il n'arrête pas de claquer des doigts, vite. Alors, quand vous comprenez que vos pensées créent votre corps instantanément, vous êtes capable de garder des pensées saines, un mental sain et un corps sain.

Dans le dixième entretien, la mère de Marti a aussi beaucoup insisté sur le fait que le corps est une forme-pensée :

Elle dit qu'il relève de notre mentalité, de nos pensées, de notre énergie mentale. Le corps est une projection du mental. Elle devait être un grand penseur de son vivant... Elle semble juste ne prendre rien pour acquis et être très attentive à la manière dont les choses opèrent et fonctionnent.

Ce qui a été confirmé plusieurs fois au cours des entretiens, y compris par ce que Rose a dit à sa petite-fille, Terri :

Elle dit que ce n'est pas une structure fixe – que ce n'est pas un corps défini comme dans les lois de la corporalité en physique. Elle dit de le voir comme une sorte de grille – une grille tellement souple et malléable que les choses peuvent la traverser. C'est comme ça qu'elle voit le corps. Ce n'est pas quelque chose qui peut être lancé sur un mur et cassé.

Cette différence entre la nature énergétique de l'Au-delà et la lente densité de la terre a vraiment représenté l'essentiel de la réponse de Diane à cette question. Sa formation en sciences a vraiment été apparente dans sa façon de projeter des images et des impressions dans ma conscience. Elle a fourni une excellente explication des différences entre les formes physiques matérielles et énergétiques :

Elle dit que dans le cas des deux corps – que ce soit sur terre ou dans l'Au-delà –, c'est le mental et la mentalité qui les influencent tous les deux. Elle dit que le corps sur terre est beaucoup plus dense... parce qu'ici, il y a des organes et des tissus pour véhiculer des choses... ça fait partie de l'environnement et du fonctionnement. Dans l'Au-delà, comme ce n'est pas un environnement physique dans le sens que nous donnons à la réalité matérielle, il n'y a pas d'organes dans le corps... mais il reste tributaire de la projection du mental. Elle me montre une image du corps, puis elle me montre un vortex d'énergie dans la structure. *« C'est moi, gouvernant mon corps avec mes pensées. »* Elle dit que nous continuons de faire la même chose sur terre mais que nous devons aussi faire avec des organes et des tissus, parce qu'il y a des composantes terrestres en rapport avec la survie du corps dans l'environnement qui les rendent nécessaires. En revanche, dans l'Au-delà, le corps est une projection de l'énergie et du mental, il n'a pas besoin du même genre de construction.

En résumé, la combinaison des pensées, de la lumière et de la fréquence, donne naissance à la forme spirituelle adoptée par la personnalité. La dimension de l'Au-delà occupant une fréquence vibratoire différente de la nôtre, si nous étions pour appliquer certaines lois physiques et dynamiques, nous découvririons qu'elles n'opèrent pas comme elles le font sur terre, et donc dans le corps. Des environnements différents – des réalités différentes – donnent naturellement naissance à des manifestations différentes. Pour moi, la réponse la plus pénétrante est venue du père de Debbie, qui a fourni une image formidable de la séparation entre la terre et le monde spirituel et de ses conséquences sur le corps :

Il dit : *« Sur terre, vous avez des organes et des choses qui doivent travailler ensemble pour fonctionner. Ici, il n'y a pas d'organes physiques pour vous faire bouger... tout est... »* Il emploie le mot « harmonie » dans le contexte du son... c'est l'harmonie, c'est la complétude, c'est la vibration... une autre forme de matrice. *« Le corps n'a pas besoin que les organes travaillent ensemble pour fonctionner. C'est un autre type de structure.* » Il dit : « *Une grande partie de l'organisme humain gère l'ingestion et l'élimination, les processus et la transformation – à cause de la nature de l'environnement. Ici, comme nous n'avons pas à nous occuper de ça, c'est différent. C'est un corps d'énergie plutôt que de la tuyauterie et tout.* »

Question 10 :

LES PROBLÈMES DE SANTÉ

Avez-vous des problèmes de santé physique ou corporelle à soigner dans l'Au-delà ?

Ici encore, cette question est devenue une suite de la précédente et les réponses ont révélé comment les pensées sont créées et influent sur le corps, quelle est la nature de l'énergie du corps dans l'Au-delà et, fait intéressant, en quoi consiste le concept de la maladie pour ceux qui sont passés dans la prochaine dimension.

Nous avons toujours supposé qu'il n'y aurait pas dans l'Au-delà de difficultés comme des problèmes de santé physique ; cependant, personne n'a officiellement et directement répondu à la question (à ma connaissance). Mon but en la posant était donc d'entendre quatorze fois la même réponse pour obtenir un consensus. De fait, j'ai reçu dans tous les cas un *« non ! »* retentissant quant à la présence de maladies corporelles dans l'Au-delà. Heureusement, les esprits étaient disposés à en dire plus, en poursuivant la conversation sur le corps énergétique engagée dans les deux questions précédentes. Tiré du sixième entretien avec le grand-père de Sarah :

Il me fait sentir que pour ce qui est des maladies, non. Mais il n'arrête pas de me montrer une lumière qui jaillit, une lumière qui jaillit... Comme pour dire que pendant un moment, il a expérimenté avec son corps. Quand il s'est rendu compte qu'il pouvait *« construire »* sa forme avec son mental, il a passé un certain temps à expérimenter. Il n'a pas automatiquement choisi quelque chose ; il a joué avec la lumière. *« Quand une occasion se présentait de construire un corps, je m'amusais. Il n'y a jamais d'état intermédiaire, vous êtes toujours quelque chose. Vous savez simplement à ce stade que votre conscience et votre être sont indemnes ; ils ne vont nulle part. Vous pouvez vous accrocher à la perception que vous avez de vous-même et aussi créer des apparences possibles avec votre énergie. »* Il dit aussi : *« Vous avez une certaine marge de manœuvre avec les traits du visage »*, mais il me fait aussi sentir que nous avons une certaine énergie comme personnalité et qu'elle se reflète dans la forme ; donc, vous pourrez avoir les même yeux ou les mêmes pommettes, il vous reste encore beaucoup de latitude – taille, poids, âge –, vous pouvez jouer avec tout ça. *« Que vous vouliez être chauve ou chevelu, vous pouvez vous amuser avec ça. »*

Dans le dixième entretien, la mère de Marti a ajouté :

Elle dit que le corps est fait d'une énergie très subtile... une énergie très subtile... Il n'est jamais malade. Elle me fait sentir que la maladie est... elle concerne un processus du corps matériel. Elle me fait sentir que sur terre, comme le corps a un taux vibratoire beaucoup plus lent, certaines composantes permettent une augmentation de la maladie dans l'organisme. Elle me fait sentir que l'énergie ici (au ciel) est tellement plus subtile et le rythme vibratoire tellement meilleur que le corps ne peut pas attraper de maladie comme sur terre.

Fait intéressant, quand on s'habitue à des douleurs physiques constantes dans la vie, on ressent une certaine appréhension à l'idée de les retrouver dans le nouveau corps, surtout à cause de l'habitude mentale qu'on a prise de les ressentir. Quel soulagement ce fut pour

Rose en arrivant enfin dans l'Au-delà, comme elle l'a raconté dans le onzième entretien :

> Et elle avait beaucoup de problèmes dans la partie supérieure du corps aussi, non? Je suis ainsi, de la ceinture jusqu'en haut.

Sa petite-fille Terri a confirmé que sa grand-mère avait bel et bien eu de nombreux problèmes dans cette région du corps.

> Ainsi elle dira « *quand je suis arrivée, quand j'ai pris le nouveau corps, je m'attendais encore à sentir...* » Quand elle est arrivée, il lui a fallu un certain temps pour s'habituer à l'idée qu'elle n'avait plus ces problèmes. Elle s'était tellement habituée à les avoir et à y penser, à en être consciente, qu'elle était étonnée : « *Qu'est-ce que vous voulez dire, je ne les ai plus?* » Il lui a fallu un certain temps pour s'habituer à l'idée qu'elle n'avait plus ces problèmes à présent.

Décédée plus tôt la même année, la mère de Gabi, rencontrée dans le treizième entretien, avait eu la même réaction. Elle avait souffert en partie parce que son organisme se remplissait de fluides, à un point tel que son abdomen avait gonflé et fait ressortir son nombril. Je l'ignorais au moment de l'entretien, mais quand elle a répondu à la question, l'image qu'elle m'a donnée n'aurait pu être plus précise :

> Elle avait beaucoup de problèmes abdominaux aussi. Elle dit : « *Je suis tellement heureuse d'en avoir fini avec ça.* » Ça devait être comme une grosse pierre dans le ventre... Elle me montre une boule de bowling, que son abdomen avait l'air d'une boule de bowling. Elle me dit qu'elle est très heureuse de ne plus avoir à vivre ça.

Comme les réponses aux questions précédentes nous l'apprennent, le nouveau corps est composé de lumière. Le fait a été repris dans tous les entretiens. Dans le troisième, le père de Nancy l'a décrit ainsi :

Il revient à cette histoire de lumière qui clignote. Il dit : « *Voici maintenant mon côté spirituel.* » Depuis qu'il est passé dans l'Au-delà, il s'est vraiment plongé dans cette affaire de lumière. Tout tourne autour de la lumière. Tout tourne autour de la chaleur de la lumière. C'est une question « *d'interpénétration* » de la lumière. Elle a vraiment éveillé sa curiosité quand il a finalement été libéré dans ce nouvel environnement... les propriétés de la lumière. Est-ce qu'il avait étudié en sciences ?

Selon Nancy, son père n'était pas un scientifique à proprement parler, mais il avait toujours pensé de façon très analytique et cerveau gauche. Il l'avait toujours encouragée à penser et à agir en scientifique. Il a repris :

Il me fait sentir qu'il y a là une connotation scientifique. Cet intérêt pour la lumière est en partie motivé par la science mais je pense que ce qui l'a fasciné, c'était en réalité de la sentir – et le sentiment en dedans... et l'émotion qui vient avec.

Mais en fin de compte, il semble que le plus grand message que les occupants de l'Au-delà aient vraiment voulu nous transmettre est le rôle que nous jouons dans nos problèmes de santé et les maladies du corps physique en nous accrochant à nos pensées et à nos sentiments. Tiré du premier entretien avec l'esprit de Michael :

Il dit : « *Je comprends à présent pourquoi les gens tombent malades sur terre. C'est parce que vos pensées et votre énergie affectent votre organisme.* » En revanche, dans le monde des esprits, il me dit qu'ils comprennent bien mieux ce qui se passe ici (dans la tête, mentalement et émotionnellement), ce qui fait qu'ils peuvent en quelque sorte faire – il utilise le mot « *orchestrer* » – ils sont capables de mieux orchestrer l'énergie... « *Quand vous êtes sur terre, tout cela affecte une chose et l'autre. Vous ne pouvez pas nécessairement isoler votre réflexion et vos pensées de tout le reste dans votre corps. Tout ce qu'il est en fait partie.* » Il dit que là-bas (dans l'Au-delà), on comprend beaucoup mieux le mécanisme de la pensée, du sentiment, la façon dont les impressions informent le moule. Vous n'auriez jamais de maladie là-bas dans le corps, parce que vous savez comment vos pensées sont créatrices en ce sens. Donc, une des choses que vous pouvez faire là-bas, c'est régler la question sans avoir à vous inquiéter de l'impact sur votre corps.

Voici une autre perspective intéressante, offerte par le père de Debbie dans le septième entretien :

> Il dit : « *Juste ce dont j'ai envie de m'occuper intellectuellement.* » Il dit que le corps est affecté par la pensée concentrée. « *Les pensées éparpillées n'affectent pas l'énergie autant que la pensée concentrée.* » Il dit : « *Nous sommes tellement plus conscients de notre vibration de pensée, notre mentalité...* »

Dès que j'ai eu relayé ce message, j'ai commencé à me demander, comme on pouvait voir une pensée affecter le corps physique après l'avoir entretenue durant des années, si le même processus s'appliquait dans l'Au-delà ? Si un esprit pensait d'une certaine manière durant très longtemps (peu importe la notion du temps là-bas), cela aurait-il un impact sur son corps ? Le père de Debbie a répondu :

> Il dit : « *Eh bien, nous sommes beaucoup plus conscients ici, pour ce qui est de l'interrelation entre le corps et l'esprit. Il faudrait une bonne concentration de pensée.* » Il me fait sentir que c'est un savoir intuitif, ou bien vous avez des guides... quelque chose contribue à maintenir votre mentalité à un niveau plus élevé que celui que nous avons ici sur terre.

La réponse la plus intrigante nous a été donnée dans le cinquième entretien, alors que ma consultante, Cynthia, a été vraiment emballée d'avoir des nouvelles de son père. Très souvent, nous entendons dire que l'esprit de nos chers disparus veille sur nous. Apparemment, d'autres entités à part notre famille immédiate continuent de s'intéresser à nos vies terrestres. Le père de Cynthia a dit qu'il y avait dans l'Au-delà des esprits qui avaient été médecins de leur vivant et avaient conservé un vif intérêt pour la médecine terrestre, en dépit de leur nouvelle réalité, où la maladie n'existe pas. Comme ces âmes s'étaient passionnées pour la médecine et la nature de la maladie sur terre, elles ont continué à le faire dans l'Au-delà. Apparemment, elles ont l'intention de retourner cette information sur terre un jour, sous forme d'inspiration ou d'intuition transmise à une de leurs réincarnations, à charge pour elles de la concrétiser :

> ... Et il insiste sur quelque chose à propos de ceux, dans l'Esprit, qui ont déjà été médecins et praticiens. Une fois qu'ils arrivent là-bas, ils commencent à étudier plus en profondeur les relations dans le corps pour mieux comprendre à quel point la structure est... corporative ? Pas certain que ce soit le bon mot... *« C-O-R »* fait partie du son mais c'est un long mot comme corporation, pour indiquer comment le corps fonctionne. Il me fait sentir qu'il y a là-bas des esprits qui étaient médecins sur terre et qui tentent de comprendre certaines fonctions biologiques en étudiant le fonctionnement de ce corps de lumière afin de, c'est leur espoir... se réincarner avec une partie de ce savoir qu'ils pourraient alors intégrer à la médecine terrestre du temps. Ils veulent rapporter une partie de ce savoir et l'offrir à l'humanité. Il dit qu'ils n'essaient pas de le transmettre aux médecins sur terre par des rêves ou du matériel inspirant ; ils veulent le rapporter eux-mêmes parce qu'ils auront alors une meilleure chance de retenir le savoir, plutôt que d'essayer de le présenter comme une inspiration. C'est un savoir complexe.

Il semble donc qu'en raison de la fréquence de la vibration et de la pensée, un nouveau corps est créé par le mental de l'âme mais que cette forme existe purement pour la représentation, non par nécessité. De la même manière, le corps énergétique n'est pas perçu comme une « prison » ou une « cage » où l'âme doit vivre pour l'éternité. À la place, elle peut transformer, changer ou modifier cette image ou cette apparence simplement par l'intention, en manipulant la lumière ou d'autres champs d'énergie qui doivent être émis pour créer la forme. Une perspective intrigante pour ceux que nous serons – adieu rides, boutons, maux et malaises, et toutes ces autres maladies pour lesquelles nous dépensons tant d'argent, dans le monde d'aujourd'hui, afin de nous en prémunir.

Question 11 :

LE VIEILLISSEMENT ET L'APPARENCE

Est-ce que vous vieillissez ou vous êtes libre de choisir votre apparence ?

Après avoir entendu les réponses aux questions précédentes, la réponse à celle-ci semblait aller de soi. En effet, les amis ou les parents de mes consultants ont tous rapporté qu'ils étaient libres de choisir leur apparence. Fait intéressant, ce choix peut aussi être modifié ; c'est-à-dire qu'une fois que vous choisissez une apparence, vous n'êtes pas prisonnier de cette image pour l'éternité. Certaines apparences rappellent parfois certaines périodes de la vie de l'individu et l'adoption d'une telle forme pourra s'avérer thérapeutique, comme pour le père de Debbie :

> Il me fait sentir qu'il a choisi d'être un petit garçon durant un moment. Il me fait sentir que *« j'avais besoin de faire sortir cette énergie »*, qu'elle avait été réprimée. Il n'avait pas eu la chance d'être un enfant... donc, il a pris le temps d'être un enfant durant un moment avant de prendre l'apparence d'un adulte. Ici... il me dit : *« J'ai pris deux formes différentes*

durant un moment. Celle d'un enfant en a certainement fait partie. »

Plusieurs défunts ont affirmé que le vieillissement chronologique n'était pas un facteur dans l'Au-delà. À leurs yeux, la croissance était mesurée non par le passage des saisons, mais par l'évolution de leur développement psychologique, émotionnel et, en définitive, holistique. Selon le grand-père de Sarah, dans le sixième entretien :

> On ne vieillit pas. On est libre de choisir son apparence. Il dit : « *Vous obtenez de grandir... en termes de savoir et d'expérience, ce qui pourrait être considéré comme vieillir... Mais, pas vieillir pour dire que votre corps traverse des changements. Non, non.* »

Tiré du neuvième entretien avec l'esprit du frère de Teri K. :

> Il me fait sentir qu'il est beaucoup plus vieux (qu'à sa mort) mais pas physiquement. Il verrait plutôt son âge en lien avec la sagesse qu'il a acquise.

Et de la mère de Marti, dans le dixième entretien :

> Elle me fait vraiment sentir que toute cette histoire d'âge chronologique n'a aucun sens. Zéro. Elle dit : « *Quand vous arriverez ici, vous oublierez que le temps existe.* »

Et enfin de Rose, la grand-mère de Terri :

> Elle dit : « *Je suis libre de choisir mon apparence. Et bon sang, c'est formidable d'être jeune à nouveau.* » Elle me fait sentir que pour ce qui est de l'idée de vieillir, comme avec le temps qui passe, non. « *Nous n'avons pas à nous occuper de ça ici.* » Elle dit que c'est l'autre avantage d'être ici : « *Je ne suis pas obligée de vieillir.* »

Michael, le premier esprit rencontré dans les entretiens, m'a dit qu'il était parti depuis si longtemps que le concept du vieillissement était une idée étrangère à sa conscience ! Voici comment c'est sorti dans la transcription :

> Il dit que vous êtes libre de choisir votre apparence. L'âge est complètement... Il est parti depuis un bon moment, n'est-ce pas ? Il dit que l'âge est quelque chose qu'il n'est même plus capable de comprendre.

La mère de Gabi a fait une remarque pertinente à sa charmante fille à propos de son image de soi, me laissant bouche bée. Gabi est une mère en forme et en santé – pas quelqu'un qui a un problème de poids, selon moi. Pourtant, quand sa mère a répondu à cette question, elle a ouvertement parlé des appréhensions de Gabi, qui la hantaient apparemment depuis très longtemps :

> Elle dit : « *Je suis libre de choisir mon apparence. Et tu râles trop à propos de ton poids !* »

Gabi a littéralement eu le souffle coupé lorsque sa mère lui a transmis ce message. Elle a poussé un grand cri : « Oui ! »

> Elle dit que vous arrêterez enfin de vous en faire à propos de l'allure que vous donne votre poids. Et que vous serez enfin heureuse !

L'amie de Heidi, Diane, m'a fait une belle petite surprise en répondant :

> Elle dit : « *Chéri, pour ce qui est de l'âge, je suis éternelle.* »

Donc, même si nous sommes soumis au cours du temps sur terre et aux effets de son joug sur nos corps, non seulement le nouveau corps énergétique est-il préservé des maladies mais il est imperméable au vieillissement chronologique. Par conséquent, si vous aimeriez revenir à votre enfance, vous pouvez le faire ! Quand le temps n'a aucune portée sur votre apparence, vous devenez le maître de votre âge, visuellement parlant, et l'éternité vous appuie sans réserve.

Question 12 :

LE DON DE SAGESSE

Quand vous avez quitté l'existence terrestre, avez-vous automatiquement reçu la sagesse ou obtenu des réponses sur la nature de la vie et de l'existence que vous n'aviez pas de votre vivant sur terre ? La connaissance vous a-t-elle été conférée instantanément ? Si oui, qu'avez-vous appris ?

Lorsqu'une personne meurt et arrive au ciel – et si on peut en théorie s'asseoir à la droite de Dieu ou vivre dans Son temple, on peut facilement présumer qu'un nouveau savoir extraordinaire lui sera conféré concernant le fonctionnement de l'univers. En effet, une fois dépassées les limites de l'intellect et du corps physique, on pourrait logiquement croire que ce nouvel affranchissement du temps et de l'espace révélera des vérités éternelles tellement spectaculaires qu'elles nous feront tourner la tête !

En vérité, le passage de la vie terrestre à la vie spirituelle introduit bien une nouvelle perspective sur l'évolution des évènements de l'existence autrefois matérielle mais ne vous donne pas hélas les clés de la sagesse universelle. Lorsque j'ai formulé les questions pour ce livre (et avant même de planifier mon premier entretien), je savais que celle-ci devait être posée. Je l'ai abordée de ce point de vue : *« Si le fonctionnement de l'univers est comme un nuage de brouillard à mes yeux, le nuage disparaît-il lorsque je meurs ? »* Les réponses obtenues dans les entretiens se sont révélées pénétrantes… et très raisonnables.

D'entrée de jeu, il est apparu clairement qu'il n'y avait aucun moyen pour que la vastitude de l'univers dans son entier puisse être comprise facilement ou rapidement, surtout après la durée infime d'une seule incarnation sur terre. C'est comme essayer d'enseigner le calcul à un enfant de trois ans, en comparaison. Quoi qu'il en soit, même si un enfant de trois ans peut apprendre à additionner ou à soustraire, cela ne veut pas dire qu'un jour futur, le calcul ne sera pas hors de sa portée. Or, il semble que l'univers plus vaste et le savoir qu'il contient fonctionnent de la même manière. Et que, comme pour le bilan d'incarnation, les nouvelles connaissances et la sagesse relèvent de l'individu et soient fonction de ses intérêts et expériences. Bien entendu, nous aimerions tous que le savoir universel sacré se présente et se télécharge dans notre conscience à notre mort pour enfin « comprendre le sens de tout ça ». Mais, comme les esprits me l'ont dit, ce n'est pas du tout ce qui se passe. Ainsi, selon l'esprit de Michael dans le premier entretien :

> Il dit : « *Comme si quelqu'un se contentait d'agiter une baguette magique et ding ! Non. C'est comme n'importe quoi, c'est comment vous changez de point de vue.* » Il dit : « *Quand vous êtes là-bas sur terre, vous avez un point de vue ; quand vous sortez de là, vous en avez un autre, mais ça reste votre point de vue. L'univers ne vous accorde pas plus de sagesse que celle que vous avez.* » Elle s'accumule lentement, par bribes, en fonction de vos perceptions et observations, c'est ce qu'il me montre. « *Parce que vous êtes dans ce moule, ici sur terre, vous êtes prédisposés – en fonction des contraintes de la réalité existante – à inventer certaines idées et pensées. Mais, une fois que vous en êtes sortis…* » Il me montre l'Au-delà comme une boîte qui contient les plans tridimensionnels et dit : « *Bon, elle prend*

de l'expansion, en quelque sorte… elle incorpore le physique mais elle vous donne aussi un petit aperçu de ce qu'il y a au-delà. Elle vous donne un point de vue un peu différent. » Il dit aussi que ça ne fait pas de vous un messie ou un Moïse.

Cette réponse sous-entend que la sagesse universelle n'apparaît pas comme par magie, mais que le nouvel environnement permet de poser un regard tout à fait neuf sur les choses. Ce nouveau point de vue n'en reste pas moins très personnel ; c'est-à-dire que c'est un point de vue qui passe encore par le filtre du cadre mental des croyances et des attitudes de l'individu. Autrement dit, il n'y a pas deux personnes qui partagent la même vision d'un même évènement. D'après la grand-mère de Grace dans le quatrième entretien :

Elle dit : « *La seule connaissance que j'ai acquise sur l'existence de la vie a été la mienne… la mienne… Elle se rapportait à ma vie.* » Elle dit qu'il y a autour de nous des écoles de pensée sur ce qui est censé se produire à la mort – des évènements, des idées, un savoir qui sont accordés… Elle dit non, ce n'est pas comme ça que les choses fonctionnent. J'entends le mot « *hiérarchie* »… Il y a des systèmes de croyances avec une hiérarchie, auxquels vous croyiez avant de mourir. Elle dit : « *Cette formation, cette hiérarchie n'existe pas. C'est juste un système de croyances que les gens ont de leur vivant.* » Donc, dans cette hiérarchie, on s'attend à acquérir un savoir ou une sagesse surnaturel ou extraordinaire sur Dieu ou l'univers. Elle dit : « *Non, ça n'arrive pas.* » Vous acquerrez de la sagesse et du savoir de par la nature de l'environnement, qui diffère de celui de la terre, mais elle dit que votre vie forme le contexte de l'étendue de la connaissance qui transparaît à travers vous, c'est à travers votre vie… donc, vous n'allez pas obtenir un ligne directe sur Dieu. Elle dit que ça vient plus tard, à travers vos expériences… à travers votre présence d'esprit. Quand elle dit ça, elle dessine un cordon et fait allusion au passage du temps… comme pour dire, quand vous vivez en étant présent d'esprit, c'est votre lien avec la sagesse de Dieu. Elle vient par les expériences que vous faites.

Du frère de Terri K., dans le neuvième entretien :

Il me montre... Les choses ne sont pas conférées. Mais il me montre que, pendant que nous sommes sur terre, nous sommes dans une illusion d'optique. Il me montre une image puis la fait bouger... « *Quand vous franchissez le seuil, l'orientation des choses change à tel point que vous dites "oh, c'est comme ça, en réalité", que vous ne pouviez pas voir avant.* » C'est un changement de perspective qui apporte de nouvelles idées et de nouvelles pensées. Il me fait sentir que pour lui, ce n'est pas aussi mystérieux que ça l'a déjà été. Il me fait sentir que ce n'est pas aussi énigmatique que nous l'imaginons, en termes de rapports entre les deux et de la manière dont tout ça a évolué.

Et du père de Kourtnie, dans mon douzième entretien :

Il me fait sentir que « *non, le royaume des cieux ne m'a pas été donné* ». Le savoir qui a été conféré était... personnel, c'est ce qu'il me fait sentir. Il veut relier le savoir à lui. C'était une réalisation de soi. Il dit : « *D'arriver ici, d'atteindre les étoiles et d'obtenir de l'information – ce n'était pas comme cela. Il y a un meilleur sentiment d'ensemble du lien commun avec tout le reste. Il n'y a pas eu cette énorme ouverture de l'intellect et tous ces trucs qui ont été jetés dedans.* »

Plusieurs esprits ont mentionné que le nouveau savoir acquis se rapportait très précisément à leurs propres besoins. Quels qu'aient été leurs problèmes sur terre, ce nouveau point de vue acquis en arrivant dans l'Au-delà les a aidés à régler leurs affaires à partir de la demeure éternelle. Mais sinon, ils n'ont pas reçu de grand savoir universel ni de grande sagesse, même s'ils ont reconnu que leur évolution personnelle était la clé de l'illumination, comme le montre la transcription des propos du père de Nancy dans le troisième entretien :

Il me donne deux réponses... Il dit : « *Dans le grand ordre des choses, non, je n'ai pas reçu de connaissance universelle mais plutôt dans l'ordre plus restreint de mon*

> *entité individuelle et comment... et comment j'ai dégradé les choses...* » Comment il a jugé les choses, il a eu un nouveau point de vue sur tout ça. Il me montre qu'il se regarde d'un point de vue plus élevé et voit les barreaux qu'il a mis en place pour limiter... Et c'est comme... « *Ce que je viens d'apprendre en étant ici les a fait complètement disparaître.* »
>
> Il dit : « *Vous portez les limites comme un habit. Jusqu'à ce que vous vous rendiez compte de votre apparence... Vous portez le même habit durant des années et des années sans vous apercevoir qu'il y a toute une garde-robe là dehors.* » Dans son cas, le processus a révélé l'habit qu'il portait et il a décidé de l'ôter et d'en chercher un autre.

Quand est venu le tour de l'esprit de Brandon, qui s'était suicidé, voici sa réponse à la question de se voir conférer la sagesse universelle :

> Il me fait sentir que « *non, non, personne n'est descendu pour me donner les secrets de l'univers* ». Il dit qu'il est tellement important que chacun progresse dans son intellect et son être, « *les leçons... engendrent... l'expérience* ». Il me fait sentir que l'expérience plus vaste est un résultat des leçons et des choses individuelles. Le fait de nous occuper de ce que nous considérerions comme des problèmes individuels ou moins graves contribue à nous faire mieux comprendre les plus grands et à les considérer d'un meilleur œil.

À l'instar de certains esprits venus après lui, Brandon a insisté pour dire que les expériences vécues au cours de l'incarnation sont la clé pour accéder à la sagesse de l'existence. Même s'il a pu écourter son séjour sur terre, sa réponse a clairement démontré qu'il avait grandi en sagesse depuis son arrivée dans l'Au-delà. Le père de Cynthia a dit la même chose dans le cinquième entretien :

> Il me fait sentir qu'il a acquis des connaissances mais c'était... parce qu'il pensait plus ou moins déjà à ces choses-là quand il était sur terre. Il a acquis une plus grande

clarté mentale. Il me montre que *« j'avais une perception... et quand je suis arrivé ici et que je me suis mis à étudier ces questions sur lesquelles j'avais l'habitude de m'interroger... j'ai acquis plus de savoir mais tout était en relation avec ce qui m'intéressait »*. Il me fait sentir qu'*« il y a de l'information ici, mais comme ce n'était pas des choses qui m'intéressaient, toute cette information n'a pas été téléchargée automatiquement en moi... Ce sont encore des choses que je dois voir et vivre par moi-même, dont je dois faire partie ; ce n'est pas téléchargé instantanément. »*

L'idée de pouvoir en savoir plus sur des domaines d'études pour lesquels l'individu montre une prédisposition a été reprise avec insistance par Diane dans le quatorzième entretien. De son vivant, ses hobbys étaient la randonnée pédestre et l'étude de la nature, étant donné qu'elle avait l'esprit d'une scientifique et le cœur d'une exploratrice. Voici ce qu'elle m'a donné quand il a été question de recevoir la sagesse de Dieu :

Elle me fait sentir que *« j'ai bien acquis une sagesse nouvelle »* mais elle reste très personnelle. Parce qu'elle était beaucoup dans... la terre, les sciences naturelles et physiques... C'était son centre d'intérêt... c'est ce qui est venu à sa conscience là-bas – comment elle a vraiment changé en le regardant de manière à le voir autrement. C'est le changement qu'elle a vécu. Rien, en dehors de ça.

Elle me montre un biodôme au-dessus d'une ville et quelqu'un qui l'ouvre à l'univers en disant : *« Ça n'arrive pas. Ce n'est pas comme si le biodôme est retiré et toutes les réponses vous sont données. »* Elle dit : *« Vous obtiendrez ce que vous demandez dans la mesure où vous êtes capables de le comprendre. Il y a encore des couches et des niveaux à étudier et à atteindre. »* Elle dit : *« Vous ne pouvez pas considérer les évènements que vous devez traverser dans votre vie comme de la merde... Pour pouvoir pleinement la comprendre et l'apprécier en bout de ligne, vous devez traverser les étapes, autrement vous ne comprendriez pas. Donc, vous ne pouvez pas voir ça comme un cheminement pénible, vous devez le voir comme les étapes nécessaires pour vraiment l'apprécier une fois arrivé au sommet.* »

Quand un nouveau savoir est obtenu, s'il ne vient pas simplement du fait de voir la vie à partir d'une nouvelle perspective, il n'est pas conféré en masse, d'après ce qu'a dit le grand-père de Sarah dans le sixième entretien :

Il me fait sentir que « *cela aurait été beaucoup plus facile si le savoir m'avait été instantanément conféré... Non, la sagesse ne vous est pas donnée instantanément... mais vous êtes guidé pas à pas.* » Il fait allusion à... un cours... l'éducation... quelque chose du genre. Il y a quelque chose là-bas que vous faites petit à petit... Il me fait sentir qu'ils vont seulement vous donner ce qu'ils pensent que vous êtes capable de supporter. Il me fait sentir que « *la sagesse universelle est trop formidable pour être accordée à un homme dès qu'il meurt. Elle est trop immense, elle est trop massive ; elle est insondable. On vous donnera seulement ce que vous êtes capable de prendre. Et c'est seulement ce dont vous avez vraiment besoin pour vous mettre en mouvement* ». Mais une fois que vous êtes là, et il fait allusion à une fois que vous avez quitté l'aire de transition et arrivez à destination, dès que vous arrivez là, toute une palette de choses s'ouvre pour vous, pour que vous les exploriez ; mais c'est entièrement à vous de décider ce que sont les idées et les explorations. Personne ne vous tend un manuel en disant : « *Bon, il est temps d'apprendre ceci.* »

Néanmoins, une connaissance nouvelle – bien que pas nécessairement universelle – fait vraiment avancer l'âme et invite la sagesse, comme les proches défunts de mes consultants l'ont révélé, à commencer par la mère de M. G. dans le huitième entretien :

Elle me fait sentir qu'elle a bien acquis un peu plus de sagesse. Et elle concerne l'interdépendance avec toutes choses. Elle me fait sentir que « *ce n'est pas comme si je suis allée du point A au point B... C'est plus comme...* » Ce n'est même pas plus sage... « *Je suis consciente, j'ai de l'expérience, j'ai une perception conditionnée.* » Et ç'aurait été l'angle de son gourou quand il est décédé. J'ai ce sentiment qu'elle est encore en relation avec lui, qu'il joue encore le rôle de mentor. Il a été capable de prendre ce qu'il avait appris depuis son décès et de l'amener doucement à son niveau, en quelque sorte, même s'il est encore en apprentissage. Et elle dit : « *Ce n'est pas juste moi, il y en a d'autres.* » Donc, il doit y avoir d'autres défunts, un groupe semblable dont il était le chef... Et certains étaient des supérieurs. Je ne sais pas comment ces groupes étaient conçus. Elle me montre une hiérarchie du groupe... et certains des supérieurs du gourou étaient là aussi et continuent à faire certaines choses comme ils en avaient l'habitude. Mais, c'est seulement par la connaissance, c'est-à-dire : « *Nous savons que nous ne sommes pas obligés de le faire de cette manière, mais c'est ainsi que nous aimons le faire. Alors, c'est ainsi que nous procédons pour faire notre apprentissage et continuer...* » Le mot « *progression* » est vraiment celui qu'elle veut faire comprendre.

La mère de M. G. a clairement démontré par sa réponse que l'acquisition de son savoir était facilitée par le moyen qu'elle préférait pour apprendre, c'est-à-dire l'interaction avec son gourou et son groupe. Donc, non seulement elle apprenait par sa prédisposition naturelle pour ses intérêts, elle le faisait comme elle le souhaitait !

Pour certains toutefois, le mode d'expérience n'avait pas d'importance pour apprendre à connaître les sujets qui les intéressaient. Pour Rose, les expériences dont elle se souvenait de sa vie terrestre – une fois retournées sens dessus dessous dans le royaume spirituel pour être passées en revue – lui ont apporté quelques lumières sur ses problèmes :

Elle me fait sentir que la plus grande chose qu'elle a apprise a été la valeur de la communication dans les relations. Et pour être bien honnête, elle en fournit la preuve en disant : « *C'est pourquoi mes mariages ont échoué...* » C'était sa plus grande leçon, une fois qu'elle est finalement arrivée là-bas et a eu franchi toutes les étapes. Quand elle a regardé tout ça avec le recul, elle s'est dit : *« Oh, les choses auraient pu être ainsi. Oh, la communication. C'est de ça dont il est question. »*

Elle me fait sentir que *« le savoir accordé »* est très personnel. Il sera taillé sur mesure en fonction de vos attributs personnels. Toute forme de savoir universel-divin, si ce n'est pas là-dessus que vous étiez centré quand vous étiez ici sur terre, si ce n'est pas ce vers quoi vous vous dirigiez, ils ne vont pas vous révéler tout ça une fois que vous êtes ici. Elle dit que c'est vraiment conçu en fonction de vos besoins spécifiques, de votre environnement spécifique.

Dans le treizième entretien, la mère de Gabi a décrit la chose ainsi :

Elle crie : *« Alléluia, j'ai compris que j'avais des choix. »* Elle doit toujours avoir senti qu'elle était victime des circonstances, ou que c'était toujours à elle que les choses arrivaient. Mais, il y a ce grand alléluia de *« c'est moi qui décide ! C'est moi qui décide ! »* Et vous savez quoi, elle ne se plaint pas en disant : *« Seigneur, si j'avais fait ça quand j'étais en vie. »* Elle a laissé partir une grande partie de sa vie terrestre. Elle accepte d'avoir son pouvoir là-bas et de pouvoir vivre sa vie comme elle l'entend... Elle dit : *« Je ne fais pas que la choisir, je la mets en scène ! »*

Quoi qu'il en soit, quand nous entendons certains dans l'Au-delà nous parler de ce qu'ils ont appris, nous ne pouvons nous empêcher de songer qu'un savoir universel, une sagesse, ont été conférés, comme en témoigne le message de la mère de Marti dans le dixième entretien :

Elle n'arrête pas de tirer de l'énergie de sa tête et de la replier en boucle pour la ramener en elle, comme pour dire : *« Bon, tout ce dont vous faites l'expérience dans la vie commence à l'intérieur de vous, ça sort et ensuite ça revient en vous pour que vous le perceviez. »* Et elle épelle le mot *« responsable »* autour de cette énergie que vous tirez et ramenez ensuite en vous. Elle dit : *« Vous êtes responsable de ça. Vous devez admettre votre vie, c'est votre projection. C'est votre énergie qui projette et persiste et vous revient.* » Elle insiste beaucoup pour dire que votre énergie est comme une pile qui alimente la réalité... C'est une pile qui alimente la forme que votre vie finit par prendre. Les expériences viennent de votre énergie, c'est ce qu'elle me montre. Elle veut faire disparaître cette idée qu'il y a une autre main qui intervient et fait des choses pour vous ou vous oblige à faire des choses qui dépassent votre volonté. Elle veut la faire disparaître et dire : « *Ce n'est pas comme ça que les choses fonctionnent, ce n'est pas comme ça qu'elles se produisent. Il n'y a pas de force extérieure qui intervient et dirige les choses en dehors de votre énergie personnelle.* » Rien ne met votre pile en défaut, c'est le sens de ce que j'entends.

Donc, il est tout à fait erroné de croire qu'un téléchargement instantané de nouveau savoir transforme nos êtres chers en divinités « qui savent tout et voient tout ». Il semble plutôt que le défunt se voit accorder de nouveaux points de vue sur son cheminement de vie, personnel et unique, parce qu'il le voit à travers une autre vision de la réalité. En ce sens, il y a un nouveau savoir qui pourrait bien se transformer en sagesse, mais il y a des chances que nos proches décédés ne puissent toujours pas nous dire comment fonctionne la gravité ou pourquoi les chauves-souris se servent d'un sonar plutôt que de leurs yeux pour « voir ». Cela ne veut pas dire que ces réponses ne sont pas disponibles mais que c'est en fonction de la personne que le savoir et la sagesse seront déterminés. Or, cela sous-entend également – et c'est profond – que pendant que nous sommes sur terre, nous avons aussi dans nos âmes cette même capacité innée d'ouvrir les yeux et l'esprit pour mieux « connaître » Dieu – c'est-à-dire, en autant que nous soyons capables de sortir du brouillard de nos pensées.

Question 13 :

LA COMMUNICATION ET LES INTERACTIONS PHYSIQUES

Comment communiquez-vous avec les autres? Est-ce que vous parlez ou vous faites de la télépathie? Qu'en est-il des activités physiques comme danser ou faire l'amour: pouvez-vous faire ce genre de choses dans l'Au-delà?

Je sais, je sais. En réalité, ce sont deux questions réunies en une seule. Mon but était de découvrir la nature des interactions d'ordre terrestre entre les occupants de l'Au-delà. Outre la parole, la communication prend de multiples formes – nous savons tous combien la gestuelle, le lien et l'interaction peuvent fournir de messages –, la plus extraordinaire de toutes étant la relation sexuelle. Mais, comme la question « ressemble » à une question en deux parties, plusieurs esprits ont choisi d'y répondre de même.

Commençons par la première question et reformulons-la simplement pour demander : « Comment se passe la communication verbale ? Est-ce que vous parlez ou vous faites de la télépathie ? » Ce qui suit est une série d'extraits des entretiens. Commençons par l'esprit de Michael dans le premier entretien :

Comment communiquez-vous avec les autres... Il dit : *« C'est l'autre chose qui est vraiment différente ici. On n'est pas obligé de parler. C'est comme si le message était porté par le vent. »*

Dans le quatrième entretien, la grand-mère de Grace m'a dit :

La voix n'est pas nécessaire, c'est ce qu'elle me montre. *« Nous n'employons pas la voix, nous n'employons pas le langage. »*

Rose, la grand-mère de Terri, a présenté la chose ainsi :

Elle me montre que la langue n'est pas un problème ici. Ce qu'elle fait pour parler, elle ferme bien sa bouche... elle garde sa langue immobile et l'information est transmise, tout simplement. C'est comme de la télépathie.

Et de la mère de Gabi, dans le treizième entretien :

Elle dit que la communication est en dedans – elle est à l'intérieur, elle est intérieure. On n'est pas obligé de faire bouger une bouche et de vocaliser. Elle dit qu'ici sur terre, à cause de la façon dont l'énergie fonctionne, il faut qu'il y ait cette vibration dans l'air pour les oreilles, alors que là-bas, comme ce n'est pas matériel comme sur terre, c'est plus énergétique... *« énergétique »* est mon terme... on n'a pas besoin du même médium sonore pour stimuler les tympans, parce qu'il n'y a pas de tympan... tout est intérieur.

Ce qui est devenu encore plus fascinant, pour mes consultants et moi, a été la description que les défunts ont faite du processus de communication. Ils ont admis que la voix n'était pas nécessaire, puis ont consenti à en dire plus et à décrire exactement ce qu'on ressentait et comment la parole pouvait être perçue – du moins symboliquement. [En passant, le processus de communication nous a été révélé petit à petit, à la Washington State Ghost Society, puisque nous avons demandé aux esprits dans nos investigations de décrire le fonctionnement « normal » de leur processus de communication, en combinant les communications psychiques reçues par les clairvoyants de l'organisation et les PVÉ (phénomènes de voix électroniques) captés sur des appareils d'enregistrement audio. Grâce à cette recherche, nous avons pu brosser un portrait logique de l'émission et de la réception des messages.] Les esprits étaient nombreux à avoir quelque chose à dire sur ce point. Dans le troisième entretien, le père de Nancy a donné une description claire :

> Il dit que c'est une unité. C'est une unité. Comme pour dire, c'est simplement une certitude, on n'a pas à dire quoi que ce soit verbalement ; on sait, tout simplement. C'est ainsi, le corps comprend simplement d'un seul coup ce qui est communiqué, peu importe ce que c'est.

Dans le quatrième entretien, la grand-mère de Grace a élaboré en disant :

> Il y a une certitude instantanée quant au contenu de la communication. Elle dit que vous le sentez, vous devez le sentir. *« C'est votre clé... »* Ici, dans l'intellect... il entrera en jeu au besoin, mais vous devez d'abord sentir le message avant d'éveiller l'intellect.

Selon le père de Cynthia, dans le cinquième entretien :

> Il fait « pouf » comme pour dire que votre corps sait simplement ce que l'autre est en train de dire. Il dit que comme tout est fait d'une énergie qui bouge tellement vite là-bas, les choses bougent très vite et c'est ce qui fait que l'information fonctionne comme ça. Il dit : *« Quand vous arrivez à votre place... »* On entre dans la nature de la parole, où c'est l'air qui entre dans le larynx, vibre et produit un son ; il me fait sentir que c'est un processus très lent, très archaïque, c'est

ce qu'on obtient quand on est dans un environnement où le mouvement de la matière est lent – le mouvement n'est simplement pas assez rapide pour la façon dont les choses devraient généralement être traitées. Il me fait sentir que sa façon de communiquer actuelle est tellement naturelle que communiquer comme nous le faisons est archaïque pour lui.

Selon la mère de M. G., dans le huitième entretien :

Elle dit : *« La communication est intérieure. »* Elle me montre le corps et une lumière qui s'allume comme une ampoule. Elle me fait sentir que lorsque quelqu'un communique, la télépathie est ce qui se rapproche le plus de ce que nous pouvons connaître, mais ce n'est pas quelque chose qui entre dans l'intellect, c'est quelque chose qui entre dans le corps... Et on sait simplement ce que l'autre essaie de dire...

L'amie de ma femme, Diane, a expliqué la communication ainsi :

Elle dit que c'est plus que de la télépathie. Elle revient toujours au visage, comme pour dire que ça saute aux yeux et ensuite on reçoit tout le *« bazar »*. C'est plus que juste des mots parce qu'on a toute l'image et le sentiment... On sait tout simplement ce qui est transmis. Pas seulement les données... mais le sentiment sous-jacent aussi. Elle dit qu'on reçoit toute la vague énergétique du message, la vague au complet. On reçoit toute la *somme* d'information, il n'y a ni devinette ni interprétation ; on sait ce qui est dit. Elle dit : *« Imaginez si les gens focalisaient sur la communication comme processus d'évolution durant plus de dix mille ans – c'est comme ça que ça marcherait. »*

On pourrait comprendre que cette certitude « instantanée » pourrait s'apparenter à une bulle de pensée ; c'est ainsi qu'elle nous a été décrite à la Ghost Society. Une pensée est beaucoup plus expansive que les mots ; les mots ne sont que des représentations alors que la pensée peut être vraiment multidimensionnelle, elle peut émettre des images, des sons et des émotions que les mots sont seulement en mesure de *décrire*. Par ailleurs, ces pensées de communication n'exigeraient aucun verbiage ; le langage ne serait pas une barrière entre les gens, ce qui permettrait enfin de communiquer à certains qui en avaient été auparavant empêchés par la géographie et la culture, comme l'a dit le grand-père de Sarah, originaire du Moyen-Orient :

> Il dit : « *Alors là, quand vous comprenez qu'il n'y a pas de barrière de langage, cela crée vraiment une ouverture en termes de dynamiques de groupe pour comprendre les autres.* » Il me fait sentir qu'ici sur terre, à cause des différentes langues, les relations sont plus déconcertantes et déroutantes que nécessaire… parce que nous sommes aux prises avec l'interprétation des mots, leur signification. Alors que là-bas, comme ils n'utilisent pas le langage, c'est juste une sorte de certitude… il y a un rassemblement et une union de toutes… les ethnies et les nationalités, « *parce que nous avons une compréhension parfaite de ce que l'autre compte dire.* »

Enfin, il semble que la communication dans l'Au-delà ne contribue plus à maintenir l'humanité divisée mais que tous peuvent se réunir sans confusion et enrichir encore le dialogue, plus que nous le pourrions sur terre.

D'autres activités, comme danser et faire l'amour, se poursuivent aussi dans l'Au-delà. Selon le père de Nancy, la vie après la mort a sa propre version des clubs de danse ! Il les a décrits ainsi :

> Il dit : « *Ouais, il y a une foule de clubs ici pour la danse et d'autres trucs… Vous pouvez encore faire ces choses-là.* » Danser… Il a immédiatement dessiné des clubs là-bas. Ici, ici, ici, pour toutes sortes d'activités différentes.

Selon la mère de Marti, dans le dixième entretien :

> C'est certain qu'il y a du mouvement ici… Et de la musique… La musique… Elle avait aussi des aptitudes pour la musique. Elle la met elle-même. Elle participe au groupe.

La mère de Gabi, rencontrée dans le treizième entretien, aimait apparemment danser de son vivant. Cependant, certaines qualités dans l'Au-delà l'avaient incitée à abandonner la danse et à faire autre chose : courir !

> Il y a quelque chose à propos des pieds... Est-ce que vous dansez? Elle me fait sentir que non, comme si elle disait : *« Je ne danse pas. Je pourrais, mais je choisis de ne pas le faire. »* Elle laisse entendre... on peut danser, on peut danser... Elle aime courir. Je la vois constamment courir. Elle dit : *« Courir me fait sentir vivante. Ça fait bouger les choses, bouger les choses. »* Quand elle court, elle peut sentir les liens entre les choses. Je dirais que c'est méditatif.

Comme l'environnement n'est pas le même que sur terre, quelques esprits ont été assez gentils pour nous dire qu'ils pouvaient faire bien plus que danser et étaient capables de choses qui nous sont impossibles actuellement à cause de la gravité terrestre. Voici ce que le père de Debbie a dit dans le septième entretien :

> Il me fait sentir que *« le mouvement physique – nous pouvons le faire avec beaucoup plus de liberté que sur terre parce que... le corps terrestre pèse tellement lourd à cause de la gravité, que le mouvement est limité, comparé à ce que nous pouvons faire ici »*. Et ils pratiquent encore des activités semblables à des activités physiques.

Selon la mère de M. G., dans le huitième entretien :

> Elle dit : *« Oui, oui, oui, nous pouvons faire toutes ces activités et plus encore. »* Elle me montre qu'elle décolle du sol, donc ils n'ont pas la gravité là-bas ou autre chose. Il y a ce mouvement plus fluide et libérateur...

Pour ce qui est de faire l'amour, cette joie ne semble pas limitée à la terre, comme l'ont rapporté quelques esprits heureux. Du père de Cynthia, dans le cinquième entretien :

Il me fait sentir que… cette histoire de faire l'amour, tout à fait. Il devait être un homme à femmes.

Cynthia a éclaté de rire et lancé un « oui » vigoureux. Son père a poursuivi :

Il me fait sentir que cette histoire de faire l'amour est ici… *« et je ne suis pas resté abstinent ».*

Pour sa part, le grand-père musulman de Sarah a commencé par parler de ce qu'il pensait des relations sexuelles de son vivant sur terre avant d'expliquer comment il avait un peu changé ses façons de voir depuis son arrivée dans l'Au-delà :

Quand je dis faire l'amour, il dit *« forniquer ».* Ils ne faisaient pas l'amour par amour là-bas au Moyen-Orient, non ? C'était juste pour avoir des enfants. Il me fait sentir que c'était une chose très rare pour lui sur terre. Quand je dis *« faire l'amour »*, il ne me donne pas l'impression que *« voilà comment j'étais quand j'étais ici ; je faisais l'amour par amour ».* Il n'y avait pas cette liberté. Selon lui, c'était une bonne chose. Ça évitait aux gens de se mettre dans le pétrin. C'est comme s'il disait : *« Selon moi, les gens se laissent trop prendre par l'acte sexuel, ce qui engendre trop de mauvais évènements. »* Il est du genre *« je n'étais pas très porté sur le sexe. Je me suis laissé aller un peu depuis, j'aime faire l'amour à présent. Mais quoi qu'il en soit »*… Il n'est pas du genre gigolo. Il en tire du plaisir… Il ne convoite pas. Ce n'est pas en lui.

Mais comme nous le savons tous, le désir physique ne mène pas nécessairement à l'amour et au partage de profondes énergies spirituelles personnelles. Quand cette convergence des passions se produit dans l'Au-delà, la dynamique de l'union sexuelle devient une expression beaucoup plus belle, apparemment au point que l'acte physique n'est même pas nécessaire ! C'est en quelque sorte la jouissance et l'expression de l'*énergie*. C'est Rose, la grand-mère de Terri, qui nous l'a fait comprendre. De son vivant sur terre, Rose avait mené une vie passionnée et aurait assurément été la mieux placée pour commenter la nature du sexe dans l'Au-delà :

> Je n'ai jamais eu cette réponse avant. Elle dit que pour ce qui est de faire l'amour là-bas, ils sont apparemment capables de le surpasser. C'est en rapport avec la dynamique énergétique, d'après ce qu'elle me montre. Ici sur terre, l'acte physique produit des qualités énergétiques, ce qui explique tout l'intérêt de la chose, d'après ce qu'elle me montre. Elle me fait sentir qu'ils pourraient s'adonner au même acte physique là-bas, mais qu'ils ne sont pas obligés de le faire. Parce que la capacité d'interpénétration et de création de sensations rappelant le ravissement et l'extase continue est naturelle là-bas – l'acte physique n'est pas nécessaire pour en arriver là. En fait, elle a découvert comment amener l'acte d'amour à des sommets qu'elle n'a jamais connus de son vivant. Mais elle dit, pour descendre les choses à un autre niveau comme la danse, oui, elle me montre des gens dans des salles de danse qui tapent encore du pied, valsent et font ce genre de choses. Les choses physiques, les activités physiques, ce genre de choses, elle dit oui, on peut encore en faire. Mais on peut faire tellement plus !

Diane a apporté sa touche humoristique bien à elle. Elle n'arrêtait pas de montrer des images que j'étais trop gêné de décrire à ma femme ! Selon Heidi, Diane n'était pas du genre à retenir ses commentaires ou à se priver d'être crue. Voici sa réponse :

> Wow, les choses peuvent devenir très, euh, « créatives »... Disons juste que tu peux faire des choses physiques mais que tu peux les faire de manières qui seraient impossibles ici. C'est comme une sorte de spectacle de cirque exotique. Elle dit : « *Si vous pensez que l'orgasme est bon sur terre, attendez d'être dans l'Au-delà !* »

En définitive, non seulement la communication est-elle complètement libre et comprise entre tous les esprits mais c'est aussi le cas des habiletés permettant d'échanger de l'énergie personnelle, d'avoir du plaisir et de faire des activités physiques – et elles sont apparemment vraiment sans pareilles quand on les compare à la vie sur terre. Selon les esprits, l'existence sous tous ces différents aspects acquiert beaucoup plus de dimensions et d'expansion dans l'Au-delà, ce qui apporte finalement de nouveaux indices, une clarté d'esprit inédite et des expériences dépassant ce qui nous est accessible actuellement.

Question 14 :

LA COMMUNICATION PAR CERTITUDE

Parle-t-on différentes langues dans l'Au-delà ? Comment communique-t-on ?

Oui, nous avons déjà abordé le sujet dans la question précédente. Néanmoins, celle-ci se voulait surtout une vue générale de la communication et passait sur les détails. Par exemple, si la télépathie était le principal mode de communication, ressemblerait-elle à la parole ? Quelqu'un pourrait-il parler par télépathie à un Anglais *et* à un Chinois ? Et entendraient-ils le message dans leur propre langue ? Ou sinon, le langage individuel nuirait-il au langage télépathique ?

Comme les esprits l'ont indiqué dans cette dernière question, la langue n'est pas un problème pour communiquer dans l'Au-delà. En fait, la question nous a finalement appris *comment* le dialogue est émis et reçu entre les deux interlocuteurs. Au début, comme nous l'a révélé Michael, l'ami de Leah, on dirait une sorte de « certitude » :

C'est juste une certitude. Il me montre l'image de deux personnes – un Indien et un Américain. L'intention de communiquer part de l'un et entre dans l'autre. L'information que le premier veut relayer touche quelque chose dans celui qui la reçoit et est traitée comme une certitude. C'est comme si le langage n'existait même pas, c'est comme savoir instantanément ce que l'autre essaie de faire comprendre et ça se fait de l'intérieur. Il dit: *« Cette histoire de tour de Babel, cette histoire de langue, n'existe que sur terre. »*

Mais, certaines indications données dans les entretiens suggéraient que c'était beaucoup plus que cela. La plongée en profondeur dans « l'expérience » des processus de communication a révélé que l'information transmise était souvent reçue ou enveloppée dans une « tonalité de sentiment ».

Avant que cette question soit posée dans le deuxième entretien, Brandon a été brusquement remplacé par l'ex-conjoint de Jodi, qu'elle surnomme affectueusement « Ock ». Comme précédemment, Ock a dû me fournir plusieurs renseignements pour valider son identité avant que j'autorise sa présence. Après cette étape initiale de justification, il s'est empressé de répondre à la question:

Il dit que le langage dans l'Au-delà ne ressemble pas du tout au langage sur terre. Il lui attache le mot *« sentir »*, comme pour dire qu'on *« sent »* le contenu du message. On l'assimile par le sentiment. Je crois que ce qu'il dit en fait, c'est: *« Il se décode dans l'intellect. »*

L'esprit du père de Nancy a décrit le sentiment comme une sorte de vibration énergétique:

Il me fait sentir que lorsque la communication arrive, c'est comme une vibration instantanée. C'est une vibration qui envahit tout le corps... *Boum*... Elle transmet simplement le message. La vibration remplit votre perception de la connaissance de ce qui est communiqué.

Plus je posais la question, plus les réponses devenaient intéressantes. Lors de mon cinquième entretien, le père de Cynthia a décrit *où* se produisait cette vibration :

> Pour une raison ou une autre, il me montre tout un côté du corps… Je ne sais pas ce que ça veut dire. Quelque chose avec un côté du corps en particulier ? L'histoire de langage est juste… Le corps sait, tout simplement… le corps sait.

Cependant, malgré qu'un esprit pourra sentir que le message entre par la matrice énergétique de son corps (lequel est, nous devons nous le rappeler, un champ d'énergie projeté et/ou gouverné par son mental), l'esprit du père de Debbie a affirmé recevoir pour sa part la communication dans son mental :

> Pour lui, le message arrive dans la région de la tête… Et il lui accole un sentiment. Il dit : « *Vous savez ce qui est là parce que ça a des caractéristiques, un sentiment, une énergie, une intensité intrinsèques. Et de ça jaillit une certitude.* » Il dit : « *Vous savez, quand vous réfléchissez parfois, vous n'avez même pas besoin d'utiliser des mots, vous avez juste ce message qui se promène dans votre corps et vous savez de quoi il est question* », c'est la description la plus fidèle qu'il peut donner. On n'a même pas besoin de mots avec le message, on sait ce qu'il en est.

Dans tous les cas, que ce soit par le corps ou l'intellect, l'acte de communiquer apporte une sorte de constat et une impression énergétique. Tous les esprits ont été unanimes pour dire que « parler » dans l'Au-delà était beaucoup plus grandiose et comprenait des niveaux et des degrés que nous ne pouvons pas connaître avec la communication verbale sur terre. La mère de Gabi l'a formulé ainsi – dans une merveilleuse analogie :

> Elle dit que lorsqu'ils reçoivent une communication, ils la perçoivent comme un sentiment et presque instantanément quand ils reçoivent ce sentiment, ils reçoivent aussi tout le détail de ce qu'on essaie de leur dire ; ils auront l'image de

> ce qu'on essaie de dire, le sentiment qu'on essaie d'évoquer. C'est comme, pour faire image – le langage sur stéroïdes. Quand nous parlons sur terre, c'est très unidimensionnel mais quand ils parlent, là-bas, c'est très tridimensionnel. Il y a toutes ces données entrantes. C'est beaucoup plus instructif et grandiose, selon elle.

Rose, la grand-mère de Terri, a ensuite expliqué que le langage terrestre était comparable à une architecture branlante qui, à mes yeux (avec le recul), me semblait à peine convenir pour soutenir l'expression de l'âme dans la communication active :

> Elle dit que lorsqu'il est question de dialecte étranger, de langue, de mots... c'est sans importance. Il y a juste une certitude. Elle me fait sentir, et la façon dont elle me le montre... que le langage terrestre est vraiment laborieux. Elle me montre une bâtisse de bric et de broc – des planches – pour essayer de transmettre le sens et un message, que lorsqu'on est en dehors du corps, lorsqu'on est dans l'Au-delà, ce caractère bancal disparaît complètement ; on a la pleine compréhension de ce que l'autre essaie de communiquer. C'est ce qui *étincelle* en soi.

La communication dans l'Au-delà va au-delà des mots : c'est une explosion d'images, de sentiments et de constat d'intention. On pourrait dire que le message de fond que la personne souhaite communiquer contourne complètement le langage. Quand nous voulons parler, nous traduisons notre message en code, la langue, qui est ensuite reçu et interprété par notre interlocuteur. Dans l'Au-delà, l'étape intermédiaire du langage est éliminée : il y a ainsi moins de distorsion et une meilleure compréhension entre les deux esprits qui échangent.

Question 15 :

LA PERCEPTION DU STRESS

Avez-vous encore des difficultés intérieures ou des angoisses ?

Au cours de l'histoire, on nous a toujours affirmé que le paradis est un lieu de pure joie et de pure félicité. Bien entendu, l'iconographie nous représente assis sur un nuage en train de jouer de la harpe (un peu trop ennuyeux à mon goût mais peut-être agréable pour certains). Je voulais savoir si les esprits menaient vraiment des vies insouciantes. Même sans corps matériel comme celui que nous avons sur terre, et sans les maux qui l'accompagnent, rien ne dit qu'on n'a pas d'autres facteurs de stress dans son existence. Et les problèmes psychologiques ? Les phobies ? Pourrait-on encore « ne pas aimer quelqu'un » et être obligé de régler les bêtises entourant la question ?

J'ai donné plusieurs séances où il était clair que deux personnes qui ne s'entendaient pas de leur vivant ne se réconciliaient pas nécessairement dans l'Au-delà. Parfois, l'histoire entre elles est tellement explosive qu'elles laissent à leurs « futures » incarnations le soin d'équilibrer les inégalités. Oui, la vie dans l'Au-delà regorge d'une surabondance d'amour, de lumière et de pardon, mais pour une foule de raisons, ce n'est pas toujours ainsi que les choses se passent entre les individus.

Les esprits ont tous dit la même chose dans les quatorze entretiens : l'environnement et le mode de vie de l'Au-delà ne produisent pas de *situations* stressantes telles que nous avons appris à les connaître sur terre. Je crois que c'est en partie à cause de l'absence de cadre spatiotemporel. De fait, l'idée a été évoquée dans le treizième entretien. Combinée au nouveau point de vue sur soi, cette absence relègue tout stress associé à l'expérience d'être la personnalité qu'on était. Autrement dit, le stress dans l'Au-delà est une affaire personnelle qui se rapporte à ce qu'un esprit retient intérieurement en lui ou en elle et il est présent afin qu'il ou elle puisse découvrir ou régler la question. C'était le message unanime de tous mes invités spirituels, surtout la mère de Gabi :

> Elle dit : *« J'ai des difficultés intérieures mais pas des choses qui me font vivre du stress. »* Elle dit : *« Une partie des choses que vous apportez ici de votre vie sont les difficultés intérieures sur lesquelles vous travaillez. »* Elle dit : *« Une fois que vous comprenez que vous ne mourez pas, tout le mordant disparaît ; le savoir invalide le stress causé en pensant à vos difficultés. »* Elle dit : *« Sur terre, vous vous tapez vraiment dessus à cause de vos difficultés intérieures du genre : "J'en mourrai si je n'arrive pas à comprendre ce truc." Mais après, vous vous apercevez que vous ne pouvez pas mourir, alors vous abordez vos difficultés intérieures d'un point de vue beaucoup plus aimant et attentionné. Au lieu de vous taper dessus, vous faites : "D'accord, tout va très bien se passer ; je finirai par comprendre. J'ai du TEMPS pour comprendre." Donc, vous êtes beaucoup plus aimant et nourricier à votre égard. »* Elle dit : *« Vous savez simplement au fond que vous y arriverez. »*

Donc, quand vous avez toute l'éternité pour vous améliorer, de toute évidence, vous ne vous angoissez pas à l'idée du temps qui passe. J'aime l'idée. Le temps perd vraiment « son mordant » dans l'Au-delà. Et à lui seul, ce fait doit certainement rendre tout le monde heureux. Le frère de Terri K. en a parlé dans mon neuvième entretien :

> Quand on parle de difficultés intérieures, il répond *« oui »*. Mais le stress, non. *« Je ne dirais pas que c'est stressant. »* Il dit que ce n'est pas stressant parce qu'on est soulagé du poids d'un échéancier. On n'a plus à répondre à personne d'autre que soi. C'est que l'on n'est plus sous microscope.

La mère de Gabi a élaboré en disant que nous pouvons voir la liberté qu'apporte l'éternité pour régler nos problèmes en observant les enfants. C'était un message important, car Gabi a un enfant auquel elle pouvait appliquer ce qu'a dit sa mère :

> Elle dit que nous avons un exemple excellent, on le voit très bien chez les petits enfants. Ils ont ça dans leur énergie ; ils savent qu'ils vont s'en sortir – et ça on pleut le voir. Ils sont toujours en train d'évaluer les limites et ne craignent pas de les mettre à l'épreuve. C'est parce qu'ils n'ont pas encore oublié ce qu'ils savaient en arrivant, c'est-à-dire *« j'ai tout mon temps »*. Pour votre fils, elle dit que pour les difficultés intérieures qu'il aura dans sa vie, c'est la chose avec laquelle il a besoin d'être nourri et soigné. Mais pour les autres choses qui peuvent lui causer du mal physiquement... Vous devez le discipliner... encore sur terre, des choses peuvent lui arriver, laisser des traces et être dommageables. *« Si ce qu'il va vivre lui causera du tort... mettez-y le holà. »*

À l'instar des questions précédentes, les réponses ont confirmé sans l'ombre d'un doute que l'Au-delà ne produisait pas de situations stressantes telles que nous les connaissons sur terre. Cela ne voulait pas dire que la vie était complètement dépourvue de stress mais plutôt que les angoisses venaient de l'individu lui-même, comme l'a expliqué l'ex-conjoint de Jodi dans le deuxième entretien :

> Il dit qu'on apporte ici ses difficultés et le stress qu'on a en soi, mais pas dans le sens que cet endroit vous présente

des difficultés intérieures et des angoisses. Pas ici. Il dit: *« Vous en êtes responsables. Vous êtes responsables des difficultés intérieures, vous êtes responsables des angoisses intérieures. Ce n'est rien ici. »*

Certaines émotions et certains complexes peuvent encore induire du stress et des difficultés intérieures, comme en témoigne le père de Nancy. Il a mentionné sa relation avec son frère, d'abord en me montrant mon image symbolique d'un « frère », puis en me disant qu'il y avait une grande différence d'âge et de personnalité entre eux. Nancy a confirmé mes impressions et son père a confessé ce qui suit:

> Quand il est question de regrets, il dit *« frère »*. Quand il est question de regrets, il en a beaucoup à propos de son frère.

Comme on le voit, nous pouvons encore vivre des angoisses et des difficultés relatives à d'autres personnes – même si elles sont dans l'Au-delà avec nous.

Dans le quatorzième entretien, Diane a évoqué le fait que dans l'Au-delà, le stress est souvent attribuable aux tendances de la personne qui le vit. Cela suggère à mes yeux que si vous êtes un éternel inquiet sur terre, vous pourrez apporter une partie de cette angoisse dans l'Au-delà, d'après ce que Diane a dit:

> Elle dit que certaines personnes se prennent très au sérieux dans leur développement et leur cheminement... qu'elles se prendront trop au sérieux... Et en étant aussi sérieuses, elles induiront un stress intérieur, qui pourrait être interprété comme une difficulté intérieure. À part ça, elle dit que personne ne vous oblige à faire quoi que ce soit, personne ne vous dit de faire quoi que ce soit. *« Il n'y a pas de patron pour vous botter le derrière. »* Chacun est vraiment maître de tout. Elle écrit le mot *« auto »* devant moi. *« Automotivé et autodirigé. »* Quant aux difficultés intérieures, au stress et aux problèmes, ils dépendront de la personnalité de chacun. Elle dit: *« Oui, j'ai des choses sur lesquelles je*

suis en train de travailler, mais j'essaie de ne pas les laisser en venir au point de déprimer mon énergie ou me causer du souci. » Elle dit : « *J'ai beaucoup appris de mon bilan d'incarnation, en termes de retenir le stress dans le corps.* »

Quant aux autres angoisses qui pourraient être conditionnées par la vie dans l'Au-delà, le père de Nancy a dit ceci dans le troisième entretien :

Il dit : « *Pas des angoisses comme vous en avez, vous autres ; votre stress est totalement différent du nôtre.* » Stress n'est pas le mot qu'il utiliserait pour qualifier ce qu'il est en train de faire. Pour lui, il a eu cette prise de conscience que « *j'ai des leçons à apprendre* » et c'est le fait de « *ne pas les avoir apprises encore* » qui crée ce que nous désignerions comme un « *stress* ». En revanche, il dit que ce n'est pas vraiment angoissant, vous avez juste cette certitude qu'il vous manque un certain savoir, que vous devez acquérir... C'est votre « *discordance* ».

Dans le douzième entretien, le père de Kourtnie a aussi dit pourquoi il pensait que le stress existait sur terre, par rapport à l'Au-delà. Nous avons apparemment perdu notre sens de la communauté ou, du moins, la conscience de ce dont nous faisons tous partie – le caractère merveilleux de l'univers :

Il dit : « *Nous avons toujours une certaine forme de stress dans nos vies ; c'est le défi de la vie – d'avoir un certain stress et de le dépasser.* » Mais, il reprend « *non, non, non, ce n'est pas comme sur terre* ». Il dit : « *Quand vous êtes sur terre, vous êtes aveugles à ce que vous êtes capables de faire, à ce que sont vos potentiels... Vous êtes comme aveugles aux choses qui vous concernent et donc à ce qui est là pour vous.* » Il me fait sentir que dans l'Au-delà, il y a cette unité, cette expression, qui n'est jamais sans... « *Vous vous faites constamment rappeler vos possibilités et vous en êtes toujours conscients. Vous n'avez pas le sentiment d'avoir été laissé seuls dans le noir, ce que vous ressentez sur terre. Simplement, vous avez cette conscience.* »

Donc, si un esprit pouvait ressentir du stress, qu'est-ce qui provoquait son angoisse ? Dans les quatorze entretiens menés pour cette expérience, il n'y a eu en fait que deux sources de malaise. La première était tout à fait logique à mon sens : nous regarder de loin, nous qui restions sur terre, et voir ce que nous étions en train de faire. La seconde venait d'assumer notre besoin ou notre désir d'évoluer et de travailler à dissoudre nos attachements personnels.

Nos parents dans l'Au-delà se préoccupent beaucoup de nous ; par conséquent, quand nous sommes dans des situations difficiles ici, ils le savent. La perte d'un emploi, un divorce, un problème médical – ce sont toutes des choses qui font vivre du stress à n'importe quel témoin compatissant, surtout s'il s'agit d'un parent proche et aimant à présent dans l'Au-delà. Si vous étiez un esprit et que vous voyiez votre fils ou votre fille sur terre souffrir émotionnellement, psychologiquement ou, bien entendu, physiquement, nul doute que cette crise vous pousserait à faire votre possible pour l'aider. D'après la grand-mère de Grace dans le quatrième entretien :

> Elle dit qu'il y a des gens dans l'Au-delà qui n'ont pas de difficultés intérieures et d'angoisses comme vous et moi en avons, mais qu'ils s'en font parfois pour ceux sur lesquels ils veillent sur terre... parce qu'on s'en fait pour ceux qui sont restés derrière, les membres de la famille. Elle prend à cœur toute cette histoire de liens familiaux... Parce que les liens familiaux sont tellement forts en Orient... *« Je connais des gens ici qui s'en font terriblement à cause de ce que leur famille traverse sur terre. »*

Grace m'a coupé la parole en posant la question qui s'ensuivait logiquement : « Pouvez-vous aider de l'Au-delà ? Sa grand-mère a répondu :

> « Tout ce que nous pouvons faire, c'est de demander que plus de guidance, plus d'énergie soient offertes, mais ce sont les gens en bas sur terre qui choisissent pour leur vie. »

Selon le père de Cynthia, dans le cinquième entretien :

> Je ne sais pas s'il était très farceur mais il dit : *« Si je suis stressé, c'est juste parce que je vous regarde. »*

La capacité d'empathie de l'individu survit à sa mort. Le stress que nous vivons peut être observé et partagé par nos êtres chers dans l'Au-delà. Mais une fois que l'esprit détourne son regard, il n'en voit pas moins ses problématiques personnelles.

La plus grande forme de stress que les esprits ont admis vivre était d'assumer la responsabilité de leur processus de développement et de voir à satisfaire leurs besoins et désirs personnels, comme Diane l'a mentionné plus tôt dans le quatorzième entretien. Apparemment, l'évolution personnelle ne prend pas fin quand nous abandonnons notre corps de chair. Nous avons tous des aspects que nous souhaitons vaincre et des aspects auxquels nous voulons donner de l'ampleur, et c'est ce travail intérieur qui peut parfois nous faire vivre du stress. Ce n'est pas inhabituel. Nous le faisons constamment, même de notre vivant. Je m'en fais à vouloir être plus patient et plus éloquent. Certains s'en font à se demander comment avoir une meilleure relation avec un ami ou un voisin. D'autres s'en font à se demander pourquoi ils sont si timides, ou si perturbateurs. Nous avons tous des aspects sur lesquels nous travaillons pour notre amélioration en tant que personne et ces aspects forment le noyau des difficultés intérieures – du stress – pour l'esprit en évolution. D'après la mère de Marti, dans le dixième entretien :

> Elle me fait sentir que… La seule chose qui est angoissante, c'est quand vous commencez à examiner votre être intérieur et où vous voulez vous rendre ensuite. Elle me fait sentir qu'elle est en paix avec elle-même et avec qui elle est en tant qu'être… mais elle dit qu'il y a toujours la compulsion de s'améliorer et d'être plus grande et plus *pleine*. C'est comme un casse-tête sur lequel vous continuez de travailler et j'imagine que c'est la motivation. Parfois… ce n'est pas le stress que nous vivons,

vous et moi, mais c'est ce casse-tête qui peut vous déconcerter, c'est le sens qui me vient. C'est ainsi, vous avez tellement d'options, tellement d'endroits où aller et de choses à faire, comment faire pour choisir? Et là, elle demande: *« Comment savoir si vous faites le bon choix? »* Elle dit: *« Ne donnez pas l'impression que c'est comme le stress que vous avez sur terre, parce que ce n'est vraiment pas comme ça. »* C'est comme un de ces débats intérieurs; quand on est à un carrefour et qu'on prend des décisions et qu'on se demande si ça donnera un meilleur résultat dans l'ensemble. Parfois, on ne le sait jamais.

Marti a alors demandé: « Est-ce vraiment important? » Voici la réponse:

Pour elle, oui. Pour elle, le sentiment est que c'est vraiment important. Pour elle, elle a son intégrité personnelle qu'elle veut conserver intacte. *« Prudente »* n'est pas le mot juste, mais elle veut être très vigilante en regardant ce qu'elle fait avant d'aller au bout des choses.

De la mère de M. G., dans le huitième entretien:

Du stress... Non, il n'y a pas de véritable sentiment de stress. Des difficultés intérieures ... uniquement ce qu'elle percevrait comme une évolution de l'individu pour l'entité générale. Le stress tel que nous le connaissons – les pressions sur nous et les exigences des choses –, non, non, non, certainement pas comme ça. Elle me fait sentir que *« le stress vient du fait d'investir votre conscience personnelle dans votre développement »*.

Donc, même si la tradition nous a appris qu'il n'y a pas de stress dans l'Au-delà ou au « ciel », tout pourrait dépendre en réalité de la disposition personnelle de chacun. Selon moi, on peut affirmer sans crainte de se tromper que le ciel ne vous imposera pas de stress indu – il n'aura pas d'exigences pour créer une situation angoissante ou effrayante. Cela ne veut pas dire que vous ne créerez pas dans votre personnalité votre propre stress à vos propres fins.

Comme nous le découvrirons plus tard dans les entretiens, l'amour pleinement exprimé dans l'Au-delà, conjugué aux innombrables voies d'apprentissage, rendra toxiques et destructrices nos idées sur le stress terrestre, en comparaison des libertés dont on jouit dans l'Au-delà, même en étant angoissé.

Question 16 :

LE TEMPS

Comment vous percevez-vous dans le cours du temps ? Le temps a-t-il un sens ?

Cette question m'a été inspirée par mon travail de recherche sur les fantômes, étant donné que je la pose à chaque enquête à laquelle je participe. C'est aussi la question à laquelle j'ai obtenu chaque fois une réponse constante : *« Non, nous ne sommes pas influencés par le temps. »*

Je me suis toujours demandé ce que ce devait être pour un esprit. Sont-ils au centre de la roue – dans le moyeu – et le temps s'écoule autour d'eux ? S'ils ne sont pas influencés par le temps, les théories actuellement postulées en physique – affirmant que le passé, le présent et le futur existent simultanément – doivent être justes. L'idée laisse perplexe, puisqu'il est difficile de comprendre comment une âme pourrait mesurer ou se remémorer des expériences dans l'Au-delà si les évènements n'étaient pas distincts les uns des autres sur une ligne temporelle. Naturellement, j'avais toujours hâte d'entendre la réponse à cette question durant les entretiens.

Apparemment, le temps est une question de conscience. C'est-à-dire que nous choisissons de filtrer nos expériences selon un mode chronologique ; en revanche, il n'y a pas dans l'univers de « loi » de mesure du temps comme par exemple, soixante secondes égalent une minute. Comme Albert Einstein et d'autres scientifiques l'ont montré, le temps est relatif et rythmé. Nous le savons aujourd'hui par notre façon de réagir à nos expériences personnelles – « la journée s'est traînée aujourd'hui » ou « elle a passé sans que je m'en aperçoive ». Donc, c'est entièrement une question de perception – et encore plus dans l'Au-delà. Voici comment Michael a répondu à cette question dans mon premier entretien :

> Il perçoit encore une sorte de mouvement chronologique mais il dit que ce n'est pas ce que nous percevrions comme étant le temps. Il est conscient de l'aspect de simultanéité mais ne veut pas encore se déployer en ce sens pour l'instant, c'est ce qu'il me montre. Il me donne le passé, le présent et l'avenir ; ensuite, il est ici et il travaille à son propre type d'expérience de moment en moment. Il dit que c'est différent pour lui et *« je ne suis pas encore prêt à me déployer dans ça »*.

Dans le cinquième entretien, le père de Cynthia a dit ceci :

> Il dit que c'est une des excentricités vraiment uniques de cet endroit, cette bizarre absence du temps. Puis, il prend du recul et dit : *« Je peux voir mon expérience quotidienne selon ce mode linéaire. »* Donc, il regarde vraiment sa vie dans son expression ceci-en-premier-ceci-en-deuxième-ceci-en-troisième mais ensuite il dit que rien de tout ça n'a d'importance dans ce sens. Il le fait s'effondrer et en fait une sorte d'accordéon. C'est ce qu'est le temps en réalité et nous ne faisons que l'étirer ici. Il dit : *« Notre temps ici dans l'Au-delà n'a aucun rapport avec votre temps là-bas. C'est là que les mondes se séparent. »* C'est comme s'il faisait naître une deuxième terre et la débranchait en disant que c'est là que nous nous séparons vraiment en termes d'atmosphère et d'environnement. *« Le temps n'a aucun sens ici, tandis que vous autres, vous étirez vraiment les choses. »*

Du grand-père de Sarah, dans le sixième entretien :

> Il dit que là-bas, le temps n'a aucune signification. Il est complètement ouvert, il est complètement libre. *« Le temps est un processus qui réduit les fruits de l'expérience. » Il dit : « Maintenant, nous pouvons consciemment nous inscrire dans une expérience chronologique ; en revanche, nous savons que c'est une illusion. »*

Oui, le processus du temps peut devenir vraiment déconcertant – et l'a été pour moi en plusieurs occasions. Plus j'avançais, plus je continuais d'entendre les esprits dire qu'ils ne perçoivent pas le temps comme nous, mais n'en mesurent pas moins leurs expériences selon un mode linéaire, ne serait-ce que pour faire l'expérience de toute la portée de leurs actions. C'est ce que la mère de M. G. a rapporté dans le huitième entretien, ce qui a contribué à nous donner un aperçu de l'idée que les esprits se font du temps :

> Elle dit que le temps est seulement là comme cadre pour enclencher les évènements. Elle prend du recul ici, et poursuit *« je comprends que le temps est une illusion, il n'est pas réel. D'un autre côté, je crée dans les limites du temps afin d'être témoin… de voir les expériences »*.

À partir de cette réponse, on pourrait presque imaginer que le temps est comme une toile sur laquelle l'artiste peint sa vie. Il lui faut la présence du temps pour pouvoir voir la couleur, les coups de pinceaux, le caractère multidimensionnel des impressions. Dans le quatorzième entretien, Diane a évoqué le temps à l'aide d'une comparaison :

> Elle dit que le temps pour nous sur terre s'étire vraiment beaucoup. En disant ça, elle prend le temps et l'étire comme un élastique. Alors pour elle, le temps est… Elle dit : *« J'ai ma vision personnelle du temps et elle diffère de la vôtre. Alors que vous voyez le temps linéaire, je le vois circulaire. »* Elle dit qu'elle se perçoit encore d'instant en instant, mais qu'elle ne peut pas le faire de façon linéaire. Elle dit : *« Je*

> *suis éternelle, je suis éternelle.* » Elle dit de le voir comme un entonnoir.

Du père de Kourtnie, dans le douzième entretien :

> Il dit : « *Je ne me vois pas dans le cours du temps comme vous voyez le temps.* » En revanche, il me fait sentir qu'il mesure encore ses expériences en fonction d'un champ dont la nature s'apparente au temps mais que c'est son choix. Dans un sens, il sait que c'est de la connerie mais comme il aime encore quantifier les choses, il faut qu'elles soient décomposées pour lui. Il me fait sentir qu'on a cette impression de ne pas avoir la main haute pour le faire dans une dimension intemporelle. Alors, il continue de décomposer les choses de cette manière, ceci-en-premier-ceci-en-deuxième, pour les quantifier, mais il dit que c'est différent de ce qui est vécu sur terre.

Je ne sais pas très bien ce que le père de Kourtnie a voulu dire quand il a expliqué qu'on n'avait pas l'impression d'avoir la main haute dans une dimension intemporelle. Il a peut-être simplement exprimé son opinion sur ce qu'on ressent à travailler dans un environnement apparemment sans frontières ; il devient difficile de quantifier et de mesurer sans une forme donnée de signes distinctifs.

Quelques esprits m'ont donné un aperçu de ce que la vie avait l'air quand on est ainsi hors du temps. Dans ces moments, la notion de séparation entre les dimensions terrestre et spirituelle s'effaçait, puisque les défunts disaient être en présence du ou de la consultant(e) comme il ou elle existait dans l'Au-delà ! C'est-à-dire qu'à un certain point du temps, nous mourrons tous et nous irons tous dans l'Au-delà. Or, il semble que les esprits dotés de cette sagesse intemporelle peuvent être avec une incarnation future du ou de la consultant(e). D'après Ock, l'ex-mari de Jodi, dans le deuxième entretien :

> Il montre le temps comme un océan avec divers courants parallèles en même temps (sans vouloir faire de jeu de mots) : un courant supérieur, un courant médian et un courant

inférieur. Par certains côtés, vous êtes déjà là à cause de la façon dont le temps fonctionne. Il dit qu'il goûte déjà votre compagnie là-bas. Mais c'est une chose très difficile à concevoir, c'est un concept très difficile à comprendre. Il me montre les courants supérieur, médian et inférieur. Il dit que l'inférieur au complet est cette idée de temps simultané... Ici, tout est achevé... *« Dans cet état, je peux nous sentir, vous et moi, achevés. C'est très réel... »* C'est très – un autre de ses mots – *« convaincant ». Il dit : « Pour que je puisse atteindre cet état, je dois aller sur ce terrain médian... C'est presque comme un état méditatif. »*

Du père de Debbie, dans le septième entretien :

Il dit que c'est une chose qui l'a vraiment encouragé à progresser dans le monde spirituel. Il a paru se rappeler vaguement ou savoir que le temps n'était pas un facteur... et donc, quand il est arrivé à destination, vous, Debbie, étiez déjà là – parce que sans le temps, une partie de vous serait déjà là-bas. Donc, c'était du genre *« j'étais déjà réuni avec ma famille... »* À présent, il dit : *« Ce n'est pas quelque chose que tu vas comprendre facilement, mais tu es déjà là. Tu y es. »*

Il est particulièrement difficile de saisir la nature de l'expérience sans la percevoir d'une certaine façon en mode linéaire. Je n'en avais pas moins l'impression que même si les esprits admettaient l'existence de l'intemporalité, ils choisissaient de filtrer leurs expériences sur un certain plan un peu comme ils en avaient l'habitude sur terre. Je ne peux dire si cette impression est à mettre au compte des limites de ce monde ou de mon intellect. La meilleure analogie que j'ai est la planète vue de l'espace. Sur terre, nous avons plus de quarante fuseaux horaires. Sur le continent américain, aux États-Unis, nous avons les fuseaux horaires de l'Est, du Centre, des montagnes et du Pacifique – mais le fait est que ces fuseaux horaires existent simultanément. Leur existence ainsi que celle de tous les autres est sans importance, car ils ne sont qu'une illusion du point de vue de l'astronaute qui les verrait tous exister concurremment de l'espace. C'est en quelque sorte ainsi que le temps doit être du point de vue de l'esprit.

J'ai le sentiment que les occupants du monde spirituel continuent aussi de travailler dans un champ « rappelant le temps ». Peut-être parce qu'ils ne le comprennent pas encore entièrement. Selon Ock, dans le deuxième entretien :

> Il dit la conscience... Le fait d'être... *« Vous filtrez le temps. »* Il dit qu'à certains égards, il continue de vivre une expérience linéaire mais comprend qu'il la fait se dérouler, qu'il est attaché au déroulement. Il comprend qu'au fond, la réalité des choses est simultanée. C'est une sorte de compréhension consciente ou de volonté de compréhension qu'on doit atteindre avant de pouvoir être constamment dans cet état. C'est presque comme *« je le sais, mais en même temps je ne le sais pas ; donc, je ne peux pas être là tout le temps, mais je suis conscient que c'est probablement la réalité des choses... En même temps, c'est ici que j'en suis. »*

Du grand-père de Sarah dans le sixième entretien :

> Il me fait sentir que par certains côtés *« nous comprenons que le temps n'existe pas, mais il y a certains éléments de cette connaissance que nous ne saisissons pas tout à fait, ce qui fait que nous ne voyons pas nécessairement le tout comme un ensemble désordonné. C'est une question de connaissance, c'est une perspective de sagesse qui s'acquiert. En ce moment, c'est une question de connaissance superficielle »*. Il dit : *« C'est quelque chose que nous toucherons plus tard, à mesure que nous nous développerons, que nous grandirons et deviendrons les entités spirituelles que nous sommes. Cela entrera en jeu plus tard. »*

D'autres ont accepté la notion d'intemporalité et appris en quelque sorte à s'en accommoder. J'ai trouvé intéressant de voir comment ils ont fait correspondre le monde physique au temps – et que pour reprendre contact avec la terre et faire sentir leur présence à leurs proches, que ce soit en communiquant par un médium ou en leur rendant visite sous forme d'apparition, d'odeur ou de sensation de présence, ils ont dit être obligés de repasser par un champ temporel, comme si cela faisait partie du concept de la vie terrestre, de son architecture. Selon Rose, la grand-mère de Terri :

> Elle me montre le temps comme un bol – à l'intérieur, dans ce bol, le temps n'existe pas. Cependant, pour pouvoir communiquer ici sur terre avec ce que nous faisons en ce moment comme médiumnité, elle doit en quelque sorte pénétrer dans le champ de conscience du temps. Elle me montre que c'est comme plonger dans un plan d'eau. Vous savez quand vous plongez dans l'eau et tout ralentit, c'est ce qu'elle me montre. Elle dit : « *Ici où nous sommes, tout circule librement, rapidement et le temps n'a pas d'importance. Mais pour faire ce genre de chose ici, ralentir, c'est comme sauter dans l'eau, il faut se coordonner.* » À ce moment, le temps acquiert une certaine pertinence. Cependant, c'est seulement en rapport avec la nature de votre expérience. Elle dit : « *Vous avancez dans le temps et c'est en partie la façon dont les choses ont été conçues. Quand vous êtes sur terre, vous avancez dans le temps. Quand vous arrivez ici, vous ne le faites plus.* »

Du frère de Terri K., dans le neuvième entretien :

> Il m'extrait complètement et dit : « *Je n'ai rien à faire avec le temps.* » Il dit : « *La seule chose dont je dois m'occuper avec le temps, c'est faire ceci avec vous, puis je ressors.* » En disant ça, il indique que c'est une affaire mentale... que le temps est une construction mentale sur laquelle on peut focaliser et dans le cadre de laquelle on peut travailler.

Comme on peut le voir, même s'ils nous disent qu'ils ne vivent pas dans le temps, les esprits admettent néanmoins qu'ils ne sont pas au courant de toutes les nuances. De plus, ce doit être encore plus difficile d'essayer d'expliquer le fonctionnement de la réalité ultime de l'intemporalité à ceux qui sont ici dans la réalité matérielle d'ordre chronologique. Comme nous le verrons, toutefois, après avoir creusé la question dans les entretiens, même s'il est difficile de comprendre psychologiquement le champ de l'intemporalité, certains facteurs extrêmement fascinants apparaissent quand le voile du temps est levé sur la réalité perceptuelle.

Question 17 :

LES VIES ANTÉRIEURES

Si vous percevez le temps, voyez-vous certaines de vos vies passées ? Comment les décririez-vous ? Qu'en est-il des archives akashiques ? Pouvez-vous dialoguer avec une de vos « incarnations » passées ?

Ici, je dois faire une petite digression pour parler de la physique et du temps. Les physiciens modernes – en particulier ceux qui travaillent en mécanique quantique – reconnaissent que le temps est entièrement relatif à l'observateur. Tel qu'énoncé dans le dernier chapitre, soixante secondes ne sont pas toujours égales à une minute. D'excellentes expériences sur les pensées ont été menées et l'ont prouvé, notamment celle des jumeaux séparés dans un scénario de voyage dans l'espace. Dans ce scénario, un des jumeaux, nous l'appellerons « Joe », quitte la Terre dans une fusée qui voyage presque à la vitesse de la lumière et revient des années plus tard pour revoir son jumeau, « John ». À cause de la dilatation temporelle découverte avec la théorie spéciale sur la relativité, Joe sera plus jeune que son frère à son retour, lequel aura beaucoup vieilli au rythme du temps terrestre.

Qui plus est, des études scientifiques ont montré que le présent pouvait remonter le temps et influer sur le passé. Des essais répétés avec des générateurs de nombres aléatoires, des enregistrements audio et, dans certains cas, des enregistrements vidéo ont révélé qu'avec une intention mentale suffisante, un objectif peut être semé dans le présent et peut pourtant remonter le temps pour influer sur le passé. Un exemple parmi les plus amusants est cet évènement psycho-spirituel que la plupart des gens surnomment « la place tombée du ciel ». Pensez-y. Vous êtes toujours à deux minutes du parc de stationnement quand vous émettez l'intention de trouver « l'endroit idéal pour vous garer ». Et pourtant, pour que cet espace se libère, il faudrait que vous ajoutiez à vos calculs le temps d'attente aux feux de circulation, les détours et les passants sur votre route. Par ailleurs, il faut que tout soit coordonné avec la personne qui pourra occuper au même moment la place que vous aurez – cctte personne doit passer à la caisse, ranger les sacs d'épicerie dans la voiture, quitter sa place et la libérer juste assez longtemps pour ne pas qu'un autre ne surgisse et vous la chipe avant votre arrivée ! C'est une orchestration stupéfiante qui exige une précision mathématique en termes de temps – et certains sont passés maître en la matière. Ma femme et moi avons une amie qui habite un quartier métropolitain très peuplé, mais tout ce qu'elle a à faire est « demander à Ramone ! » quand elle arrive à quelques pâtés de maison de l'endroit où elle veut se garer. Et tadam ! Ramone, son « ange voiturier » ne la laisse jamais tomber. Sérieusement. Nous avons été témoins de la chose plusieurs fois en sa compagnie. Quand vous vous arrêtez pour réfléchir à cet incroyable talent, il vous vient à l'idée que cette « simple » demande d'une place tombée du ciel deux minutes avant d'arriver au parc de stationnement pourrait bien avoir remonté le temps pour vous renseigner quand vous avez quitté la maison, en fait !

Donc, quand nous entreprenons de prendre en compte ce quc les scientifiques ont étudié (et savent probablement depuis les années 1960 sinon avant), le passé, le présent et le futur sont tous « enchevêtrés » en une sorte de chant simultané d'existence.

Si c'était le cas – que le temps soit simultané sans filtre temporel –, les vies passées, par exemple, deviendraient visibles pour le voyageur spirituel d'aujourd'hui. Sans les barrières du temps pour « décomposer les choses », le passé serait concurrent avec le présent et le futur. La réincarnation perdrait alors son sens accepté de « cette-vie-avant-celle-là » et correspondrait plus à l'idée des vies simultanées que réincarnées. Cela expliquerait pourquoi un médium pourrait communiquer avec une âme du XVIe siècle, pendant que quelqu'un d'autre pourrait en même temps percevoir cette très ancienne incarnation comme « une vie passée » qu'il a vécue. Ce n'est pas que l'âme du XVIe siècle n'existe plus dans le monde spirituel parce qu'elle est redescendue sur terre, mais plutôt – le temps étant enchevêtré et simultané – qu'elle reste une personnalité autonome dans le monde spirituel. Cette hypothèse ne nie pas la possibilité qu'il pourrait y avoir une autre personnalité sur terre à l'époque moderne, issue du même matériau source (l'Âme suprême), psychiquement et spirituellement liée aux évènements vécus par la première personnalité. C'est un peu comme le phénomène des jumeaux identiques bien connu où le zygote d'un ovule fertilisé se divise et forme deux embryons, chacun reflétant le même matériel génétique. Et nous pouvons pousser l'analogie des jumeaux encore plus loin : même après avoir été séparés à la naissance, on a vu des jumeaux identiques qui ont fini par épouser des conjoints portant le même prénom, avoir la même espèce de chien, travailler, comme par miracle, dans des domaines apparentés et même, se fracturer les mêmes os ! Ce n'est pas très différent du concept de l'Âme suprême qui existe à travers le temps avec ses aspects simultanés.

Donc, imaginez ce qu'on doit ressentir en sortant du piège du temps, à son arrivée dans le monde spirituel lorsque l'on découvre ces autres « aspects de soi » qui ont existé (et existeront) au cours de l'histoire.

Cette question a donné lieu à certains des meilleurs PVÉ (phénomènes de voix électroniques) de toute la série d'entretiens, les esprits l'ayant jugée très emballante et originale. En effet, leurs réponses ont clairement montré leur empressement à nous instruire, mes consultants et moi, sur la réincarnation et les incarnations simultanées – et sur la manière dont ils reconnaissaient leurs liens avec ces précédents aspects de leur être. Commençons par l'esprit de Michael dans le premier entretien :

Il dit *« oui, je vois des personnalités passées »*, mais pour une raison ou une autre, il prend ses distances avec elles, comme pour dire qu'il y a une membrane ou quelque chose qui les maintient séparées, en quelque sorte. Et pourtant, de manière étrange, elles sont conscientes les unes des autres. Il me montre... une personnalité du passé qui lève les yeux vers lui et reconnaît le lien. J'ai le sentiment qu'il n'entre pas en contact avec ces aspects passés parce qu'ils font partie de ses problèmes. C'est plus émotionnel quand il dit : *« Je ne veux pas revenir ici. Je ne veux pas entrer en contact avec celles-là... Ce n'est pas que je n'en sois pas capable, c'est que je laisse la membrane en place pour une raison. »*

Du père de Nancy dans le troisième entretien :

En fait, il me fait sentir qu'il perçoit des vies passées... d'autres personnes qu'il a été, ou que son âme a été. Il les reconnaît mais ne les côtoie pas. Ce n'est pas qu'il a peur, c'est qu'il ne veut pas se laisser entraîner dans cette histoire de temps. Il comprend qu'il est un individu autonome et que ce sont simplement des aspects d'une partie plus vaste de son être, mais il veut tout de même avancer dans son expression personnelle, dans qui il est en tant qu'individu, et ne pas se laisser dicter sa conduite... ou « codifier » ses possibilités par ces autres personnalités.

De la grand-mère de Grace dans le quatrième entretien :

Elle dit : *« Je peux regarder en arrière et voir des vies passées. »* Elle dit : *« Eh bien, quand il n'y a pas de temps, ces personnes que vous percevez avoir été sont là aussi. »* *Cependant, elle... elle fait ce geste pour dire : « Je ne les fréquente pas. Je sais qui elles sont, il y a une partie de moi en elles, nous sommes reliées ainsi... Je suis aussi consciente que je suis en quelque sorte distincte d'elles et que nous sommes pourtant reliées. »*

Comme nous pouvons le voir à partir de ces réponses, nous pouvons entrer dans le monde du temps et de l'espace avec des problématiques et des leçons que la portion plus grande de notre entité (l'Âme suprême) s'efforce de comprendre et d'équilibrer. Ces problématiques peuvent apparemment venir d'incarnations passées (et futures) auxquelles nous sommes reliés.

L'idée pourra sembler un peu déconcertante. Prenons la main comme analogie pour l'expliquer. Vous pourriez dire que les cinq doigts de votre main représentent cinq incarnations différentes et pourtant, elles appartiennent toutes à la même main. Cependant dans le champ temporel, seul un doigt est perçu comme étant le présent, les autres existant chacun de leur côté à une époque différente. Mais comme ils forment une seule main, ils s'efforcent de régler beaucoup des mêmes problématiques et des mêmes leçons d'une époque à l'autre et se verront à l'occasion comme étant la prolongation d'un autre doigt – car c'est en effet ce qu'ils sont (une prolongation) tout en restant toujours une personnalité originale autonome, née de la même source comme expression de cette entité plus vaste, c'est-à-dire la main tout entière (l'Âme suprême).

Dans le quatorzième entretien, Diane a comparé l'idée à l'holographie. En holographie, on peut photographier un objet tridimensionnel à l'aide d'une lumière laser, de miroirs et d'une plaque photographique. Ce qui se produit est qu'une image de l'objet est transférée sur la plaque en schéma d'interférence, lequel recrée l'image en trois dimensions quand une lumière est réfléchie par la plaque ou la traverse. Qui plus est, si la plaque est découpée en petits morceaux, chaque morceau montrera l'image complète de l'objet original en trois dimensions quand il a été touché par la lumière. Ici, l'analogie est que chaque réincarnation fait partie d'un tout holographique, chacune contenant l'empreinte de l'Âme suprême dans son entier. La description que Diane en fait est excellente, comme on pourrait s'y attendre d'une scientifique :

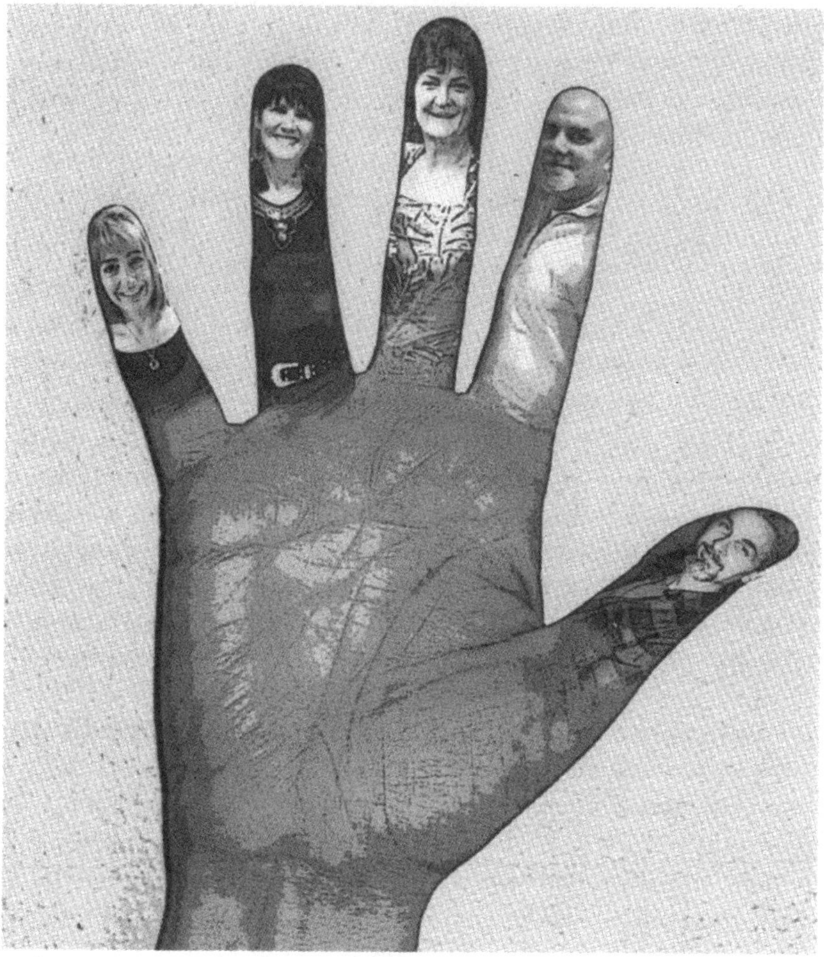

Elle dit que pour ce qui est des aspects qui se réincarnent... *« Ce sont les prismes de l'Âme suprême dans l'environnement linéaire. »* C'est cette histoire de modèle holographique. Elle dit que comme c'est le modèle holographique... *« Prenez un des fragments de l'hologramme... Il peut aussi réfléchir son propre fragment de concert avec l'image plus grande dont il fait partie. »* Elle dit que c'est ce qui permettra de comprendre la personnalité de l'individu. Elle dit que c'est une question d'expression et de libre arbitre, même si c'est un hologramme de l'image au complet. Elle dit : *« Ici, comme il n'y a pas de temps, tout est encore disséminé. »* Et elle fait comme *« oui, on peut certainement converser avec un aspect passé de soi, surtout si on est un hologramme... »* Elle me le montre aussi comme des gaufres étagées, empilées les unes sur les autres.

Pour certains esprits, comme nous ne pensons généralement pas en termes de simultanéité, l'âme pourrait regarder ces autres personnalités et être bouleversée en les voyant. Surtout si pour elle, le grand drame de sa vie a été les problèmes qui ont également été attribués énergétiquement à ses personnalités simultanées, pour qu'elles en fassent l'expérience durant leur séjour terrestre. Cela a apparemment été le cas pour plusieurs esprits avec lesquels je me suis entretenu :

Il dit que pour certains, c'est très difficile d'affronter ces autres parties d'eux-mêmes à cause des expériences vécues dans ces vies... *« Il y a encore toute cette émotion, il y a encore cet attachement aux choses, à ce que ces autres "vous" ont traversé. Il y a la peur qui s'y rattache... Vous devenez trop absorbé en vous-même. »*

Dans le premier entretien, Michael a décrit la chose ainsi :

Il dit que beaucoup de gens croient que le présent est affecté par le passé... donc, ils ne veulent pas regarder en arrière et focaliser sur leurs vies passées. Ils les associent encore aux liens existants, même si c'est une entité individuelle et distincte, pour ainsi dire... Les gens ne veulent pas regarder en arrière et revivre ce qu'ils considèrent comme le passé... même s'ils voient cette personnalité d'avant qui fait son chemin de son côté... parce que c'était tellement bouleversant et tout... Ils comprennent que c'était une vie à laquelle ils sont reliés et ils ne regardent pas nécessairement en arrière pour intégrer cette personnalité passée ou socialiser avec elle. Il dit que certains le font, certains comprennent que quelque chose de plus grand est en jeu ici et ils sont disposés à le faire. D'autres ont tout simplement trop peur. »

Du père de Kourtnie, dans le douzième entretien :

Il dit qu'il est au courant de ce que nous appellerions des personnalités passées et des incarnations passées... Et il en a rencontré deux. Mais il... il ne les a pas aimées parce qu'elles lui rappelaient trop sa jeunesse. Il avait en partie repris ce comportement de ces deux personnalités. Il dit qu'en les voyant, il a voulu les blâmer de qui il avait été, même s'ils ne formaient en fait qu'une seule et même entité de toute façon.

Du père de Nancy, dans le troisième entretien :

Je pense qu'il était curieux de savoir qui étaient ces autres personnes qu'il avait déjà été ou avec qui il avait des liens. Ensuite, je pense qu'il est allé en voir une ou deux mais qu'il ne les a pas abordées... Ça ressemble à *« je les ai vues, certaines choses me sont revenues à l'esprit ou à la conscience et je suis parti »*.

Plus les esprits parlaient de leurs incarnations simultanées et de leurs liens avec elles, plus ils expliquaient la nécessité des archives akashiques. C'est le nom qui a été donné à l'encyclopédie du savoir cosmique encodé dans la dimension immatérielle de l'existence, qui contient l'enregistrement de toute l'histoire et de toutes les pensées de l'humanité – une sorte de bibliothèque dans « l'Esprit de Dieu ». On pourrait aussi les voir comme une dimension de conscience qui contient un enregistrement vibratoire de chaque âme et de son cheminement. Ce concept remontant à l'époque védique (dont le nom vient du sanscrit pour « ciel », « espace » ou « éther ») a été popularisé par les théosophes au XIXe siècle. Il se trouve que l'existence de cette « bibliothèque » est validée par les esprits, qui savent qu'elle est franchement nécessaire pour gérer les personnalités simultanées/réincarnées. Selon la description qu'ils en font, les archives akashiques permettent un certain recul quand on regarde l'âme d'une incarnation passée ou future avec qui on a des liens. Voici comment Ock, l'ex-mari de Jodi, l'a décrit dans le deuxième entretien :

> Les archives akashiques... Il dit qu'elles sont écrites sur le vent. « *Toute votre vie est écrite sur le vent, dans l'espace...* » Quelque chose du genre... C'est simplement enregistré partout, c'est le sens de ce qu'il me transmet. « *Le Livre de la Vie est ce que vous pourriez avoir de plus près comme image de référence, mais ce n'est pas un livre à proprement parler.* » Quoique, il me corrige et dit : « *Une foule de gens manifesteront ou créeront un livre qu'ils peuvent consulter...* » Il dit que comme certains n'aiment pas l'idée de rencontrer leurs autres aspects, ils préféreront de beaucoup lire sur eux, car ce serait trop personnel ou bouleversant de les rencontrer pour vrai. Mais il dit que c'est vraiment très *cool*; on devrait le faire.

Selon le père de Nancy dans le troisième entretien :

> Il me montre une étagère avec le livre que vous prenez, où vous êtes censé lire sur vos vies passées... Il dit que c'est plus facile de faire ça parce que c'est sur papier, vous pouvez vous en dissocier en quelque sorte... c'est comme si vous aviez un certain recul... Il a passé un certain temps à faire ça au début, quand il est arrivé là-bas.

De la grand-mère de Grace dans le quatrième entretien :

> Elle dit : « *C'est la façon la plus facile pour des gens comme moi de confirmer ces autres identités et de les comprendre.* » Dans notre terminologie, c'est le Livre de la Vie... Elle dit que

c'est le moyen le plus facile pour trouver vous-même réponse à ces questions sans vous investir émotionnellement... Vous êtes relativement détaché. « *Quand vous regardez votre propre visage dans une vie passé, ça peut devenir...* » Ça soulève beaucoup d'émotions, beaucoup d'attachement... des choses qui vous bouleversent vraiment intérieurement. C'est beaucoup plus facile de le faire avec détachement en parcourant un livre. Elle dit : « *Vous devez comprendre que les vies passées sont toujours en cours. Nous restons des individus même si nous venons du même moule. Et nos chemins et nos vies virtuelles sont façonnés l'un sur l'autre... Ces motifs évoluent, changent, mais il y aura toujours des choses pareilles chez l'un et l'autre ; donc, vous pouvez vous voir dans ces vies et dire "c'était moi" et pourtant, l'autre a en même temps sa propre identité. Vous ne perdez pas votre identité.* » Elle dit que lorsque vous mourrez, Grace, vous serez toujours Grace, mais qu'il y aura une autre personne là-bas, qui pourrait s'appeler Evelyn, que vous venez toutes deux de la même énergie, ce qui fait que vous pourriez dire que vous êtes cette personne et pourtant, vous êtes toujours Grace et ici, il y a Evelyn. Et il y aura de nombreuses similitudes entre vous deux, étant donné que vous venez du même moule.

Dans le sixième entretien, le grand-père de Sarah a ajouté ceci :

Il me montre un gros édifice... C'est la bibliothèque... Est-ce au propre ou au figuré ? Il me fait sentir que c'est plus au figuré mais dit qu'elle peut être ce que vous voulez qu'elle soit. Il dit : « *Si vous voulez ouvrir un livre sur vos vies, il y a un livre sur vous là-bas. Vous pouvez lire sur vos histoires et vos vies dans un livre.* » Il me fait sentir que « *beaucoup de gens préfèrent le faire de cette manière parce qu'autrement, c'est très bouleversant ; il y a des dynamiques dans le fait de pouvoir vous parler à vous-même que vous ne connaissez vraiment pas sur terre... Donc, beaucoup de gens préfèrent laisser ces autres identités tranquilles et lire à leur sujet pour conserver un certain détachement...* » Il me fait sentir qu'il a eu un lien très étroit avec une vie antérieure qui remontait à très, très loin... et il a passé un temps considérable à enquêter dessus. Il a peut-être même parlé à cette identité. Mais il est juste passé vite sur toute autre vie récente en amont.

Le père de Debbie a eu ceci à dire dans le septième entretien :

Il dit que les archives akashiques sont le moyen le plus doux de passer ces incarnations en revue. « *Vous n'êtes pas obligé d'avoir directement affaire aux personnes, vous n'êtes pas obligé de vous laisser prendre par les aspects émotionnels ; il y a une forme de séparation – c'est un exercice psychologique.* » Donc, le livre décrira les choses qui sont arrivées à des... moments des incarnations, en lien avec le sens des incarnations et les relations vécues lors de ces incarnations. Il dit que bien des gens s'amusent beaucoup de voir comment les relations ont évolué mais n'aiment pas nécessairement être bouleversés par le côté émotionnel de l'exercice. Ils préfèrent que ce soit relativement « stérile ».

Et selon le père de Kourtnie dans le douzième entretien :

Il aime les archives akashiques... je suis rivé dessus. Il dit qu'il connaît l'existence de ce que nous appellerions des personnalités et des vies passées. Il dit : « *Je me suis distancé d'elles et j'ai décidé de me servir des archives akashiques pour en apprendre plus sur elles et sur moi.* » Il dit qu'on vous met dans ce livre auquel vous pouvez avoir accès... Et vous n'êtes pas obligé de vous farcir les âneries d'ici. Je pense qu'être vraiment en présence de ces autres aspects de soi fait monter tout un tas de choses qui deviennent très bouleversantes et très personnelles. C'est là qu'il a reculé et essayé cet autre moyen.

Dans le quatorzième entretien, Diane m'a donné sa vision des archives akashiques à sa manière typiquement scientifique et cerveau gauche :

Elle dit : « *Chéri, les archives akashiques sont une métaphore pour les vies qui sont "écrites dans l'univers".* » Elle me montre un vaste espace et dit : « *Prends deux ou trois vies*

> *ici, leurs expériences sont plus ou moins organisées comme des données... Il n'y a pas d'émotions rattachées. Tu peux accéder aux données si tu veux... Tout est écrit dans l'univers, c'est accessible...* » Elle reconnaît que... Quand on va du côté des formes de vie ou des intellects « inférieurs », le monde spirituel exige que ce champ de données soit à la portée de leur niveau de conscience, car voyons les choses en face, certains sont moins conscients que d'autres. Donc, quand on entend dire que c'est comme une bibliothèque, elle dit que c'est juste. Certains ont besoin de ce cadre de référence. En fin de compte, les archives sont partout, mais certains ont besoin qu'elles soient contenues dans ce cadre de référence.

Si vous vous êtes déjà arrêté à penser au soliloque toujours en cours dans votre tête – tous les jugements et les critiques dont vous vous accablez, imaginez ce que ce doit être de rencontrer d'autres formes et personnalités que vous considéreriez comme « vous »... Dont les décisions et les actions peuvent avoir un effet sur vous (exactement comme les vôtres en auraient sur eux). Je peux comprendre pourquoi certains voudraient éviter de parler à une autre partie objective d'eux-mêmes. Cela ne veut pas dire toutefois que ce n'est *pas* possible puisque j'ai découvert que certaines âmes avaient rencontré quelques-unes de leurs autres personnalités. Pour les raisons déjà mentionnées, la rencontre a parfois été difficile pour certaines. Elle a permis à d'autres de mieux comprendre qui elles étaient et pourquoi elles avaient du mal dans certains domaines ou excellaient au contraire dans d'autres. Quand ce concept de possibilités ouvertes leur a été proposé, les esprits ont dit que leur lien avec leurs aspects simultanés étaient vraiment très forts – qu'il était plus profond que notre perception de la famille. Dans le deuxième entretien, Ock a admis avoir rencontré quelques-unes de ses incarnations précédentes :

> Il dit : « *Ouais, j'ai rencontré certaines de mes autres incarnations et on peut échanger avec eux.* » Il dit : « *Vous voulez savoir ce que c'est, le sentiment de la famille, vous n'avez qu'à parler à qui vous étiez dans ces autres incarnations que vous avez vécues. Vous aurez vraiment le*

sens de la famille parce que vous ne pouvez pas vous mentir à vous-même. » Il a un ego très sain. Il aime ses autres incarnations. Il aime bavarder avec elles. Par certains côtés, il peut les voir comme d'autres personnes même s'il sait que ce n'est pas la réalité. Il peut voir les synchronicités, les similitudes, entre toutes ses autres incarnations et il les aime.

Du père de Cynthia, dans le cinquième entretien :

Il dit « *oui, c'est vrai, je vois mes incarnations passées* » et il a communiqué avec certaines d'entre elles. Il rit et dit : « *Vous feriez mieux de savoir rire de vous-même.* » Il dit que c'est la seule manière d'aborder l'ampleur de ce lien avec ces autres « vous » qui ont existé dans l'histoire. Il dit : « *Quand vous serez capable d'accepter ces "vous" simultanés qui ont existé dans l'histoire, vous aurez un sens de la famille comme vous ne pouvez pas imaginer.* »

Mais votre père n'était pas quelqu'un qui aimait les grands égoïstes, il n'aimait pas la suffisance, c'est pour ça qu'il a fait comme « *on n'est pas copain-copain* ». Parce que, la raison qui l'habite en partie en ce moment est « *si je faisais copain-copain avec mes incarnations passées, je deviendrais suffisant et égoïste, parce que ça me rendrait trop sûr de moi* ». Voilà pourquoi il dit qu'on doit savoir rire de soi, pour ne pas tomber dans ce travers.

Et la mère de Gabi dans le treizième entretien :

Elle dit qu'elle a conversé avec certaines incarnations précédentes... Et elle les considère comme des sœurs... Je ne sens pas qu'elle a eu de sœur ici... Pour elle, c'est l'analogie la plus proche... Ce sont trois autres incarnations, toutes féminines. Il y a deux contreparties énergétiques masculines dont elle ne veut rien savoir. Elle dit : « *J'ai des aspects de moi partout dans le temps, mais il y en a trois ou quatre que je considère vraiment comme des sœurs... Nous nous réunissons souvent pour parler d'évolution, de la nature de la vie, de la façon dont nous pouvons agir ou influer sur nos incarnations futures.* » Elles comprennent toutes à un certain niveau leur unité et leur point commun avec l'Âme suprême au sommet. Elles reconnaissent aussi leur caractère distinct et unique, leurs personnalités individuelles et pourtant, leur lien.

Même si le temps est perçu comme un enchevêtrement, les esprits n'en reconnaissent pas moins une sorte de progression, en vertu des incarnations simultanées « futures ». Cette question me déconcerte absolument, car elle soulève cette question philosophique pénétrante : tout est-il prédestiné et n'avons-nous pas le libre arbitre ? Selon les esprits, nous conservons notre libre arbitre, même s'il est difficile d'expliquer de façon intelligible pour nous ici la position qu'occupent nos choix dans une perspective d'intemporalité. Néanmoins, les personnalités simultanées connaissent l'existence des incarnations potentielles « futures » qui ont des « vies chronologiques futures » sur terre. Et étant donné la nature du karma énergétique, les phobies et le reste qui sont répartis dans l'Âme suprême au complet, les « personnalités passées » peuvent travailler en vue d'équilibrer les problématiques dans un effort pour aider cette incarnation « future ». Selon la mère de M. G. dans le huitième entretien :

> Elle me fait sentir qu'il y a des personnalités passées qui font partie du groupe avec lequel elle se tient. Je n'arrête pas de voir le mot *« homogène »*... donc, elles doivent certainement travailler ensemble. Alors, il y a ceci : *« Nous pouvons communiquer avec des "incarnations" passés... »* Et elle me fait sentir que *« la raison pour laquelle nous faisons ça est que nous regardons toujours les choses de ce point de vue futur (même si par certains côtés, nous savons que c'est une illusion)... Donc, en nous réunissant ainsi, nous pouvons avoir une "avance" plus grande et plus large pour nos incarnations futures et nos personnalités futures ».* C'est comme si elles prenaient les idées et les choses concernant ce qui a besoin d'être réglé et ce qui a besoin d'être développé et elles les focalisaient sur ces personnalités futures et en même temps simultanées, sur un certain plan.

Dans le onzième entretien, Rose, la grand-mère de Terri, a mentionné qu'elle avait rencontré une de ses incarnations futures dans l'Au-delà :

> Elle parle de cet autre aspect que nous considérerions comme une réincarnation mais à deux vies dans le futur. Elle trace deux lignes et les tire vers l'avant. Elle dit : *« Je vois cette conscience que je percevrais en un sens comme une autre incarnation dans deux vies à venir en suivant le cours du temps et je peux m'entretenir avec elle. Ici, cette personne est ici avec moi ; elle a des expériences individuelles et des choses qui lui appartiennent en propre. Elle a des expériences individuelles uniques à cause de sa vie sur terre. C'est ce qui la distingue des autres personnalités. C'est ce qui distingue les personnalités – C'est qu'elles sont en bas dans ce bouillon de culture du plan terrestre. Lorsqu'elles sortent de ce bouillon et arrivent dans l'Au-delà, étant donné qu'il n'y a pas de temps… Elles sont toutes reliées, mais à cause de la nature séparée de l'expérience à travers le prisme du temps, chaque personnalité conserve le sentiment individuel de son existence. Cependant, nous comprenons comment tout fusionne dans l'identité du grand "Je". »*

Rose n'arrêtait pas de me montrer des images et des impressions qui se sont accumulées, comme le montre la transcription :

> En regardant cette femme future qui contient des portions de son énergie, elle dit que nous sommes tous interreliés. *« Vous pouvez regarder votre vie et voir comment votre enfance influe sur votre vie adulte. Même chose ici. Même si nous pourrons nous séparer en termes d'identité, mes expériences et mon énergie ont un effet sur cette incarnation future. »* Elle utilise cette personnalité future de deuxième niveau comme source d'inspiration pour continuer son évolution, parce qu'elle aime vraiment comment cette vie future a tourné. Elle dit : *« Quand on est prisonnier du champ du temps, on a du mal à rassembler les morceaux. »* Elle dit que tout a vraiment du sens quand on arrive enfin là-bas. Puis elle me montre un cerveau et dit : *« Vous ne faites que*

> *tout embrouiller quand vous êtes ici sur terre. Mais en réalité, ce n'est pas plus mal.* »

En effet, nous avons du mal à percevoir la nature de la conscience d'un point de vue intemporel. Comme nos intellects sont un produit du temps et de l'espace, ils ne sont peut-être pas capables de comprendre pleinement comment nous pouvons avoir le libre arbitre et créer en même temps du karma pour d'autres incarnations simultanées si le temps en tant que tel n'existe pas. Les esprits reconnaissent pourtant bel et bien les autres incarnations qu'ils vivront dans le futur. Certains comprennent la nature de ces liens d'interdépendance et font de leur mieux pour s'améliorer, sachant que ces améliorations créent un effet en cascade qui influe sur l'Âme suprême et les autres personnalités. D'autres sont envahis d'émotions perturbantes à l'idée d'admettre l'existence de ces personnes identiques et pourtant différentes, car cette rencontre est toujours vue comme une union profondément personnelle avec « ce qui est toujours moi ».

Quand cesse-t-on de se réincarner ? Le grand-père musulman de Sarah a donné plus tard dans les entretiens une réponse qui m'a semblé parfaite pour ce chapitre. Voici ce qu'il a dit :

> « *On continue de se réincarner jusqu'à ce qu'on sente qu'on est prêt ; jusqu'à ce qu'on en ait terminé.* » Il me fait sentir que c'est quelque chose d'intérieur, vous le savez quand vous êtes prêt à vous élever ailleurs. Mais ensuite il dit aussi « *bon, n'oubliez pas que le temps est une illusion. Cette idée que vous perdez qui vous êtes pour devenir quelqu'un d'autre n'est pas nécessairement conforme à la réalité. C'est une autre personne ; vous restez qui vous êtes et vous continuez de mener votre vie dans le royaume spirituel* », mais cette autre personne – cette personne future qui est « vous » vient du même – il me le montre, elle vient du même rayon de lumière que vous et donc porte vos… bon… Vous savez comment vous tenez certaines de vos qualités humaines de vos parents ? Donc, vous pourriez dire que vos « parents » sont en vous et que vous les exprimez à votre manière. L'incarnation future a les expériences, « l'ADN » de

vos expériences. Donc, vous portez en vous les expériences de vos incarnations précédentes comme vous portez l'ADN de vos parents ; par conséquent, votre ADN sera aussi transmis à l'individu suivant. Vous faites tous partie de la même entité énergétique, qui est néanmoins divisée en parcelles. Mais les expériences ont une cohésion et une progression.

Quand nous quitterons finalement notre époque dans l'histoire pour retourner à la source de toute réalité, serons-nous prêts à rencontrer nos autres incarnations ou préférerons-nous apprendre à les connaître grâce à un livre ? Vous seul pourrez en décider.

Question 18 :

LE CHOIX DES FAMILLES

Comment les âmes sœurs et les familles sont-elles choisies ? Vivons-nous avec elles après notre mort ou elles retournent vivre avec des gens de leur « niveau » ?

Il est très courant d'entendre dire dans les cercles métaphysiques qu'on obtient de choisir sa famille avant de s'incarner. En ce sens, une version du « destin » se joue, puisque les deux groupes de personnalités – parents et enfants – prennent ces dispositions avant le temps (le jeu de mots est voulu). Quoi qu'il en soit, je n'étais pas prêt à prêter nécessairement foi à cette croyance, peu importe depuis quand elle circulait.

Les dynamiques et les liens de famille sont fascinants avec des tours et des détours, des excentricités et des bouleversements qui sont bien souvent imprévisibles. Et lorsque certains évènements du genre se produisent, vous vous demandez inévitablement : « Si je choisis vraiment ma famille, pourquoi est-ce que j'ai choisi celle-là ? » Cette idée devient encore plus perturbante dans les familles où sévissent la violence, les traumatismes sexuels ou d'autres circonstances incroyablement difficiles, qui exigent ensuite pour s'en sortir des années de thérapie. Qui voudrait vivre par choix dans ce genre de famille ? Surtout si nous sommes en mesure d'envisager ce genre de traumatisme d'un point de vue intemporel.

Je dois l'admettre, l'idée est difficile à accepter. Néanmoins, comme les entretiens nous l'ont révélé, les relations familiales ne sont pas des histoires « d'une vie ». Les familles sont ensemble à maintes époques – bien qu'à l'occasion, elles distribuent autrement les rôles (parents, enfants, grands-parents) afin d'assimiler les leçons ou d'équilibrer les énergies karmiques des autres réincarnations simultanées. Et ces énergies sont parfois très intenses…

Quand nous considérons le fait que nous ne pouvons rien emporter dans la mort, il ne nous reste que nos relations interpersonnelles. Ces liens, ces souvenirs d'intimité ou de rigueur, sont nos attachements aux relations que nous emportons avec nous dans l'Au-delà. Et comme je l'ai dit plus haut, toutes les relations ne sont pas agréables – et vous feriez bien de vous rappeler que vous emportez aussi ces souvenirs avec vous (ils seront rejoués lors du bilan de votre incarnation). Leurs inégalités intrinsèques ne disparaissent pas une fois que nous quittons le monde physique ; en fait, elles font partie de ce que nous emportons avec nous. Commençons par Michael dans le premier entretien :

> Il dit : *« Comme j'ai beaucoup de gros problèmes à régler, quand est venu le temps de choisir ma famille, je l'ai fait avec beaucoup de sérieux. »* Il me fait sentir que « je le referai plus tard ». Il s'exprime encore du point de vue d'une incarnation à venir… Il dit : *« Dans le futur, je serai aussi sérieux avec les relations familiales, mais je pense que la prochaine fois, je mettrai juste un peu de légèreté là-dedans. »*

Ici, Michael admet avoir eu des problèmes relationnels dans sa vie ; ses problèmes l'ont ensuite suivi dans l'Au-delà pour qu'une incarnation potentielle future (ou une série d'incarnations futures) s'efforce de les régler. La transcription dit ensuite :

Il me montre une image de quatre ou cinq taches, qui se rapportent peut-être à ses problèmes. « *C'était à cause de ces problèmes, sur lesquels je savais qu'il fallait que je travaille, que j'ai choisi ma famille comme ça.* » Il dit : « *Comprenez que c'est une entente entre toutes les personnes en cause... Et que ça marche des deux côtés... C'est une confiance fondée sur la réciprocité, tout le monde retire quelque chose de la relation.* »

Dans le deuxième entretien, Ock, l'ex-conjoint de Jodi, a rapporté qu'il avait lui aussi connu des difficultés avec certains membres de sa famille. Il a néanmoins reconnu qu'il était vrai qu'il avait choisi d'être avec ces personnes avec qui il a vécu des conflits :

Il dit : « *Oui, j'ai même choisi ces membres de la famille qui ne m'aimaient pas et avec qui je ne m'entendais pas. Mais quand vous faites ces choix, vous comprenez les gains et les pertes à venir à cause de la nature de la relation.* » Il dit : « *Vous formulez vraiment la dynamique et tout. Vous pouvez y aller... pas nécessairement en aimant ça... mais ça reste votre choix, parce que vous comprenez ce que les parties vont en retirer.* »

Vous remarquerez qu'il dit que les âmes connaissent les gains et les pertes possibles pour chacune en se réincarnant ensemble. C'était un thème récurrent, qui explique pourquoi certains membres d'une famille continuent de choisir d'être ensemble, même s'ils ne s'entendaient pas. Selon le père de Debbie, dans le septième entretien :

Il commence par étirer de la tire d'érable comme pour dire : « *Nous avons besoin de ces personnes dans nos expériences pour nous faire grandir et nous façonner. Nous avons des objectifs et des aspirations en tête en participant au spectacle de la vie, donc nous avons parfois besoin de ces personnes pour nous mouler et nous façonner dans le sens auquel nous aspirons. Certains préfèrent grandir en ayant la possibilité de se casser la tête plutôt que... Pour certaines personnes, c'est plus facile d'assimiler les leçons et tout quand il faut se battre pour les avoir au lieu de se les faire simplement offrir sur un plateau.* »

Selon la mère de Gabi, même si certaines relations exigent beaucoup de nous, l'idée des retrouvailles et les raisons qui les motivent viennent de la nature même de l'amour :

Elle dit : « *Avec l'amour, même les personnes avec qui vous ne vous entendez pas, en réalité, la raison qui vous a réunis est une raison d'amour. Il faut parfois un petit défi à l'amour pour que ça marche. On le fait pour prendre de l'expansion...* »

Un exemple nous a été fourni par l'esprit de Rose, qui avait été mariée et divorcée maintes fois de son vivant. Quand elle était très vieille, elle faisait beaucoup rire son entourage parce qu'elle était vraiment libre et sans complexe. Dans l'entretien, elle n'a pas eu peur de parler de ses amours passées et des difficultés, affirmant que tout était par amour, même durant les périodes difficiles :

Elle dit : « *C'est pour ça que j'ai eu autant de mariages.* » Elle dit : « *J'ai vécu des incarnations dans le passé avec ces hommes et certaines de ces relations étaient terriblement tumultueuses, en montagnes russes.* » Rien n'allait jamais sans problème pour elle... Elle n'arrête pas de me montrer toutes ces incarnations passées avec tous ces types, ses maris, et c'est comme un gros numéro de jonglerie. Elle dit : « *J'ai fait tellement de fois le tour de manège avec eux.* » Et elle dit : « *Je me suis habituée à les avoir près de moi. Je voulais qu'ils soient près de moi.* » Elle me fait sentir comme s'il y avait cette notion qu'on se retrouve pour rétablir l'équilibre et régler ce qui s'est passé autrefois mais en fin de compte, « *je voulais les relations. Je les voulais dans ma vie* ». C'est ce qu'elle voulait. En disant ça, elle me fait sentir que « *nous choisissons les relations que nous faisons entrer dans nos vies. Le fait qu'il y a cette colle...* » Elle me la montre comme une sorte de colle caoutchouc, parce qu'on peut l'étirer, elle reprend toujours sa forme. C'était la nature des relations. « *Quand vous partez, tout ce que vous avez, ce sont les relations. Quand vous revenez sur la sphère terrestre, vous voulez apporter ces relations avec vous. Et elles veulent revenir. Alors, pourquoi pas ?»*

Dans le quatorzième entretien, Diane a expliqué en détail comment les familles sont choisies en fonction de la nature coopérative des besoins de chacun. Elle a dit que les familles sont choisies en fonction des besoins et des leçons de chaque personne qui la compose. De son point de vue, la composition de la famille repose sur le cheminement de chacun de ses membres.

Le grand-père de Sarah a vraiment résumé l'affaire avec sagesse. Il a non seulement expliqué pourquoi les familles restent ensemble mais aussi révélé que tous les membres du groupe ne créent pas de friction à cause du karma :

> Il me montre différents niveaux dans la famille, comme pour dire : *« Dans la famille, il y a des personnes que vous n'aimez pas nécessairement avoir dans votre cercle, mais elles sont là pour vous offrir des expériences de croissance et des défis pour vous faire grandir dans certains domaines et certaines directions qui vous intéressent et dont vous avez besoin à des fins de réincarnation. »* Et il dit : *« Certains parmi ceux qui nous posent problème peuvent appartenir à notre cercle d'intimes et seulement jouer un rôle dont nous ignorons tout de notre vivant sur terre. »*

Mais il a parlé ensuite de ceux qui nous troublent vraiment parfois et de la raison qui nous a fait choisir de les côtoyer dans d'autres vies :

> *« Dans la famille, il y a certaines personnes qui ne font pas partie en réalité de votre cercle d'intimes, mais vous avez eu jadis affaire à elles et vous équilibrez donc aujourd'hui ces relations que vous pourrez avoir eues avant et qui pourront avoir présenté des difficultés, des problèmes, des déséquilibres… inégalité, inégalité. »* Il dit : *« Quand vous passez votre vie en revue et que vous comprenez votre injustice envers les autres, vous avez la réaction naturelle*

de vouloir réparer cette injustice et de le faire de façon beaucoup plus significative qu'en disant juste "je suis désolé" à la personne. Vous voulez créer un lien de pardon vital, physique, émotionnel et spirituel. La seule façon de le faire... est de la faire participer aux processus.» Il me fait sentir que *«oui, vous pourriez changer la nature de la relation dans le monde spirituel, mais certains partent du point de vue que comme elle a été bousillée sur terre, c'est là que nous devons la corriger, c'est là que l'équilibre se manifestera, il faut le même équilibre dans la même dynamique, dans les mêmes domaines. Certains vivront ces réincarnations pour avoir des expériences qui rétabliront l'équilibre.»*

Donc, quand le rideau tombe sur le spectacle de la vie et que tous les membres d'une famille sont de retour dans l'Au-delà, ils reconnaissent leurs relations. Quoi qu'il en soit, cela ne veut pas dire que «tout est pardonné» et qu'au ciel, ceux qui étaient incapables de se supporter sur terre s'embrassent tout à coup avec une joie débridée. Voilà pourquoi certains restent en interaction avec les mêmes personnalités dans d'autres incarnations. Dans le septième entretien, le père de Debbie m'a expliqué la chose ainsi:

«Avec certaines personnes, vous choisissez de vous réincarner dans un cadre familial afin d'équilibrer les énergies, les injustices, ce genre de choses.» Il dit: *«C'est très étrange quand vous êtes dans une zone d'intemporalité de vous rendre compte qu'il y a des parties de vous qui sont actuellement dans une zone temporelle et font partie de l'orchestre... pour faire de tout cela... pour faire l'expérience de toutes ces choses...»* Il me fait sentir que c'est comme une orchestration... C'est une orchestration... Il y a tout un *big band* en spectacle... mais c'est là-bas dans le temps et vous existez en dehors du temps. *«C'est toute une expérience.»*

Le père de Nancy a dit ceci dans le troisième entretien:

Il dit que les familles sont choisies intentionnellement... On fait tous ces liens. Et il me fait sentir qu'à une certaine époque dans une autre vie, il était votre enfant et vous étiez l'adulte. Il se transforme en bébé et se couche à vos pieds. Donc, il parle des rôles qui sont joués, que vous les échangez vraiment entre vous.

De la même façon, nous avons tendance à continuer de côtoyer ces parents dont nous nous sentions très proches. Dans l'ensemble, c'est vraiment très *souple*. Nous continuerons de fréquenter dans l'Au-delà ceux avec qui nous aimons être. Les autres… Eh bien, les réunions de famille ne reviennent pas si souvent, n'est-ce pas ? Et pour une bonne raison. Cela ne revient pas à dire que les gens (pour la plupart) se trouvent à différents « niveaux » d'évolution, simplement que nous ne nous accordons pas toujours avec les autres « fréquences ». Comme Michael l'a expliqué dans le premier entretien :

> Il dit : « *Ceux qui ont eu de mauvais mariages n'iront pas nécessairement à des niveaux différents, mais se sépareront et conserveront leurs identités individuelles distinctes, leurs vies et leurs regrets… Et il est à espérer que le temps passé loin l'un de l'autre dans cet autre monde les aidera à améliorer leur relation.* » Il dit aussi qu'ils conserveront également les mêmes amis.

De la grand-mère de Grace, dans le quatrième entretien :

> Elle dit : « *En mourant, nous rencontrons et saluons divers membres de la famille. Mais en fonction des leçons et des noyaux d'énergie, certains resteront ensemble et se côtoieront, tandis que d'autres pourront partir dans différentes directions. Pendant qu'ils étaient sur terre, certains messages devaient être transmis, des références devaient être expliquées ; une fois la vie terminée, tout ça ayant été accompli, ils pourraient se séparer.* »

Dans le quatorzième entretien, Diane a décrit la réunion dans l'Au-delà comme très dynamique. L'amour continue d'être exprimé, car chacun fait partie d'une famille pour des raisons précises, ce qui ne veut pas nécessairement dire que tout est étreintes et embrassades. Elle me l'a bien fait comprendre :

Elle me fait sentir que la réunion dans l'Au-delà est une décision personnelle. Certains se retrouveront parce qu'ils étaient proches, mais pour ceux qui ne l'étaient pas sur terre, ça ne veut pas dire qu'ils le seront dans l'Au-delà. Tout dépend de l'individu.

Elle dit: *« Il y a toujours un reconnaissance de la relation entre les gens, même si c'est une relation distante; la reconnaissance de la relation est encore là parce que vous êtes interreliés de cette manière, mais vous n'êtes pas obligés d'aimer tout le monde. »*

Elle dit qu'on fait affaire avec des fréquences et des cheminements différents... Aimer tout le monde vient dans le sens de les servir dans leur cheminement... Il y a donc cette idée de tout amour entre toutes choses. Ensuite, elle dit que les cheminements des autres sont sur une autre fréquence radio... Donc, si elle est jazz et qu'un de ses frères est rock, elle le servira – par amour – dans son cheminement durant un moment... et sera aidée en retour. Mais comme elle n'est pas rock, elle ne va pas le fréquenter. Ça ne convient pas ni à l'un ni à l'autre. Ils se retrouveront pour s'aider un peu mutuellement dans leurs cheminements, mais ils n'ont pas besoin de rester enchaînés ensemble. Elle dit que ce n'est pas comme un mariage.

Dans le cinquième entretien, le père de Cynthia a repris le thème:

Il dit qu'en général, les groupes familiaux restent ensemble. Il me fait sentir que... Il y a certains cercles de famille qui auront des membres venant d'autres « niveaux » plus élevés, quoique pas vraiment beaucoup plus que les autres, mais qui apportent vraiment une forme de savoir que les autres n'ont pas. Il dit: *« Connaître et être, emballez "être" avec "connaître" . »* Donc, il y aurait certains membres de la famille qui ressortiraient si vous étiez pour mettre tout le monde en cercle. Il dit: *« Ouais, ils se tiennent avec nous, mais ils sont comme un petit peu plus élevés que le reste du groupe. C'est que vous avez besoin que certaines personnes du groupe donnent envie de grandir et de changer. Ça n'en fait pas des dieux ni rien. Ce n'est pas du tout comme ça. Personne n'est jamais au même niveau... vous aurez des gens qui sont en haut et en bas.* »

Dans le treizième entretien, la mère de Gabi a parlé des niveaux de la structure familiale :

> Elle dit qu'en fonction de la dynamique familiale, certains membres sont perçus comme venant d'un autre « niveau » que le vôtre et y retourneront. Mais ils auront été changés par la relation qu'ils auront eue de leur vivant avec les autres membres de la famille. Tout le monde progresse, tout le monde suit ce courant d'évolution. Et tout fonctionne. Elle dit : « *Les membres d'une famille (peu importe où vous allez là-bas, parce que les écarts de "niveaux" ne sont pas vraiment si importants entre les gens) peuvent se rendre visite (à moins que la personne en question n'ait été quelqu'un de très diabolique). En général, les membres d'une famille sont assez proches en termes de fréquence énergétique ; on peut leur rendre visite.* »
>
> Certains sont vraiment liés... Comme votre mère et vous... Vous resterez proches là-bas. Elle dit : « *Certains membres ne sont pas comme ça... Comme le mouton noir de la famille. Vous entrerez probablement en contact mais ensuite, ils s'en iront suivre leur propre chemin.* »

Les esprits ont répété à plusieurs reprises que les unités familiales sont créées avec des détails et des schémas intimes. Quand on vit dans l'intemporalité, on peut apparemment planifier avec soin et adresse toute la durée de son incarnation sur terre. C'est-à-dire qu'un évènement qui pourra se produire à cinq, quinze ou même quatre-vingts ans, peut être considéré comme ayant été « orchestré » à partir du champ de l'intemporalité. Il pourra ressembler au « destin », à la « fatalité », ou à ce que certains ont appelé des « contrats ». Personnellement, je n'aime pas ces idées, car elles insinuent que nous n'avons pas toujours le libre arbitre. Bien qu'en un sens, ce soit peut-être vrai parfois d'un point de vue fonctionnel, comme l'a montré la mère de Marti dans le dixième entretien. Plus tôt, elle avait mentionné en parlant du bilan de son incarnation que durant une période difficile dans sa vie, elle avait dû décevoir un prétendant qui lui avait demandé sa main. Quand cette question de concevoir les familles est venue sur le tapis, elle m'a ramené en arrière à ce moment avec l'autre homme. Voici comme c'est sorti dans la transcription :

> Plus tôt, vous vous rappelez qu'elle a mentionné ce type qu'elle a largué ? Elle me fait sentir que *« si je ne l'avais pas largué, tu ne serais pas née. »* Je pense que c'est à ça qu'elle veut en venir ; il y avait quelque chose dans sa conscience qui savait qu'il n'était pas l'homme qu'il lui fallait à cause de tout ce qui se produirait par la suite. Elle ne le savait pas consciemment, mais ça fait partie de ce qui pourrait bien avoir motivé son refus. Elle me fait sentir que l'union avec votre père était prédestinée d'une certaine manière. Cette relation devait se nouer pour que les choses deviennent manifestes. En ce sens, certaines relations sont des clés – elle me montre vraiment une clé –, il y a des relations clés qui sont prédestinées ; elles doivent exister.

La conversation a révélé que tous les membres de la famille participent à la création du concept et de la dynamique. Le fait a été confirmé par d'autres esprits dans les entretiens, comme par la grand-mère de Grace dans le quatrième :

> Elle me fait sentir que *« nous choisissons tous la famille, nous choisissons tous les dynamiques de la vie que nous vivons »*. Ce qui veut dire qu'avant votre naissance, la dynamique de prendre soin de vous en étant votre grand-mère et l'absence de vos parents biologiques faisait déjà partie du plan, c'était déjà dans la dynamique. Elle dit : *« Nous avons choisi nos parents et notre famille avec plus de concision… comme des graines que nous semons dans le sol pour le jardin que nous voulons faire pousser. »*

Cette idée d'être « cultivé » a été reprise huit entretiens plus tard par le père de Kourtnie :

Il dit : *« Les familles sont cultivées... »* Je pense que ce qu'il veut dire est que... l'unité familiale est un cadre qui est mis en place au moment de l'incarnation. Des lignes complexes sont réunies pour matérialiser l'unité familiale et c'est ce qu'il veut dire en parlant de culture. Il me fait sentir que *« comme famille, nous avons vécu des passés ensemble dans ces autres vies et il fallait donc nous réunir... »*

Une partie de la question originale de ce chapitre incluait l'idée des « niveaux ». C'est un concept selon lequel la conscience existe dans un état d'évolution progressive ; dans le royaume spirituel, certains esprits ont progressé dans leur évolution jusqu'à un état plus élevé et seraient donc perçus comme existant à un niveau « supérieur ». Conjugué à cette idée, il y a le sentiment que ces autres niveaux ne sont pas nécessairement accessibles à moins d'avoir déjà en soi les bonnes connaissances ou le bon état de conscience. Nous consacrerons plus de temps à ce concept dans les prochains chapitres, mais je voulais l'évoquer ici pour voir ce que les esprits auraient à dire sur la structure familiale et l'application de l'idée d'une échelle de conscience évolutive à la famille. Voici ce que Rose, la grand-mère de Terri, a dit :

Elle dit : *« Je crois que ce genre de chose – un niveau – existe en termes de connaissances possédées par quelqu'un et ce que ces connaissances peuvent produire pour lui ou elle. »* Mais elle est comme... tout le monde, du moins tout le monde qu'elle a fréquenté, tous ses maris, elle dit que la différence entre les niveaux était infime. Oui, certains étaient plus élevés qu'elle et d'autres l'étaient un peu moins, *« mais parce que nous pouvons tous sentir nos rapports mutuels, nous sommes tous sur des longueurs d'onde semblables »*. Ça ne veut pas dire qu'ils doivent nécessairement s'entendre, juste que l'écart n'est pas si important entre les niveaux pour que la personne à côté soit une sainte comparée à elle. Elle dit : *« Nous étions tous proches les uns des autres. »* Nos relations ne disparaissent pas, c'est ce qu'elle veut vraiment me faire sentir. Peu importe leur position dans l'échelle des niveaux, vous êtes assez près d'elles pour continuer à pouvoir communiquer, interagir et maintenir votre lien d'appartenance. Elle me fait sentir qu'elle a ce sentiment d'appartenance avec beaucoup de personnes qu'elle côtoie.

Du père de Nancy, dans le troisième entretien :

Pour cette histoire de niveaux... Il admet que certains membres du groupe auront différentes « propensions »... Différentes propensions qui les séparent en quelque sorte des autres membres de la famille. Mais, en relation avec une sorte de hiérarchie... où quelqu'un est d'un niveau supérieur à un autre. Il dit qu'ils sont très proches, en réalité. Certains sont un peu plus élevés que les autres, mais rien ne les séparerait vraiment de... Il y a des choses intérieures à l'œuvre. Il me fait sentir que certaines problématiques sont en voie d'être résolues de la même façon par beaucoup de membres... pas tout le monde, mais une bonne partie du cercle.

Et du père de Cynthia, dans le cinquième entretien :

Il y a certains cercles de famille qui auront des membres venant d'autres « niveaux » plus élevés, quoique pas vraiment beaucoup plus que les autres, mais qui apportent vraiment une forme de savoir que les autres n'ont pas.

Lorsqu'il est question de s'incarner avec des leçons et des intentions, ainsi qu'une expertise ou des propensions qui peuvent engager, inspirer ou faire avancer les autres dans leur cheminement planifié, nous pouvons commencer à comprendre pourquoi nous gravitons autour de certaines personnes ou en « fréquentons » d'autres momentanément. Bien souvent, les liens familiaux sont apparemment beaucoup plus profonds que ce que la perception superficielle laisse voir. Bien qu'aucun esprit ne se soit avancé pour le dire, je sens, après avoir écouté ces entretiens et observé maintes dynamiques familiales (y compris la mienne), que les familles se réunissent autour de thèmes semblables – apprendre l'autonomie, l'amour de soi, se libérer de certains blocages. Certaines réussiront, d'autres échoueront, d'autres encore n'évolueront que très peu, mais la famille travaillera vraiment sur des problématiques qui se ressemblent. Ces similitudes et ces thèmes pourraient fournir l'élan pour « concevoir » la configuration de l'unité familiale – qui fera les parents, les enfants, les petits-enfants, et comment les rôles joueront l'un contre l'autre.

Dans d'autres cas, nous choisissons certains membres de notre famille précisément à cause des défis qu'ils nous présentent. Ces défis peuvent avoir une foule de raisons d'être : équilibrer le conflit et l'énergie à travers les parties en cause, étant donné qu'elles existent en même temps que des incarnations simultanées éparpillées à travers le prisme du temps linéaire ; nous obliger, à cause de la discorde, à prendre conscience de vérités plus grandes qui nous échapperaient si ce n'était de cette dissonance. Nous n'aimons peut-être pas les interactions avec certains membres de notre famille mais notre intuition, notre Soi supérieur personnel, nous a réunis pour une raison et nous devons parfois nous soumettre à cette sagesse et « endurer », sachant en quelque sorte que la situation sert un but plus grand. Une fois que la vie est arrivée à sa fin et que les personnalités retournent dans la dimension immatérielle non physique, nous pouvons revoir nos relations temporelles et décider si nous voulons les côtoyer dans l'Au-delà. Même si chaque âme conservera le sens de son statut personnel, certaines pourront néanmoins choisir de vivre ailleurs, loin de leur ancienne famille. Certaines pourront même passer à une « sphère d'activité » totalement différente. Qu'importe, leurs relations perdureront.

Question 19 :

LES NIVEAUX

Y a-t-il ce qu'on appelle des niveaux, c'est-à-dire une hiérarchie pour ceux qui sont plus ou moins évolués selon un critère de temps ou d'expansion? Pouvons-nous savoir quel est notre niveau, ou avons-nous besoin de le savoir?

Nous avons brièvement touché ce sujet dans le chapitre précédent. Je voulais néanmoins consacrer à coup sûr un chapitre entier à l'idée, étant donné qu'elle avait beaucoup titillé ma curiosité quand j'avais élaboré les questions. Quand je pense au but de l'existence et que j'applique une notion d'évolution au concept de la vie, je ne peux m'empêcher de songer qu'il y a peut-être une « échelle d'évolution » spirituelle. Dans ce cas, est-ce que les esprits nous en parleraient? Je voulais d'abord voir s'ils pourraient *confirmer* l'idée d'une échelle d'évolution, pour commencer. Si oui, que pourraient-ils nous dire? Comment progresse-t-on d'un niveau au suivant? En quoi les niveaux diffèrent-ils? Sont-ils prédéfinis, comme les étages d'un gratte-ciel? Quelqu'un pourrait-il dire de façon légitime qu'il y a « vingt-quatre niveaux dans le monde des esprits »? S'il y a des niveaux prédéfinis, pouvons-nous savoir quel est le nôtre actuellement ?

Comme ce fut généralement le cas avec la plupart des questions, les réponses que j'ai reçues des esprits étaient à l'image de chacun, tout en révélant pourtant aussi quelques points communs. Je l'admets, la notion de niveaux spirituels est une idée abstraite et les réponses des esprits ont donc été plus ou moins symboliques et figuratives et peut-être pas vraiment littérales. Autrement dit, tout est une question de perception et j'ai fait de mon mieux pour relayer le message de chacun le plus clairement possible.

Quand nous pensons en premier en termes de niveaux, notre imagination évoque l'image d'une échelle, chaque barreau représentant la progression de la conscience. Et pourtant, ce n'est pas ainsi que les esprits me les ont décrits. Voici comment Ock a décrit l'évolution de l'esprit dans le deuxième entretien :

> Il dit : « *Ouais, il y a cette histoire de conscience... ce développement de la conscience...* » Il me fait sentir que c'est une question de progression, d'évolution, d'expansion de l'esprit... Il n'aime pas le mot « *esprit* »... c'est conscience. L'idée est de devenir le plus gros ballon possible et de remplir ce ballon – l'air est connaissance, sagesse, expérience pratique. Il dit que c'est de ça dont il est question. « *Si vous voulez attribuer des niveaux, c'est ce que cette histoire de niveaux veut dire en fait : c'est un gros ballon.* »

Dans le quatorzième entretien, Diane a aussi associé l'évolution spirituelle à la nature de la conscience et a pu l'inscrire dans le contexte fascinant de la dynamique du monde spirituel :

> Elle me fait sentir que ce ne sont pas des niveaux... c'est une sensibilisation, une connaissance de la conscience. Elle dit : « *Le temps n'a rien à y voir parce que le temps ne veut rien dire.* » Le mot qui se rapproche le plus est « expansion » mais elle lui superpose le mot « conscience ». En superposant le mot « conscience », elle dit que c'est une conscientisation

à la plénitude de la conscience. Elle épelle aussi le mot « expérience ». Donc, elle dit que c'est la conscientisation expérientielle de la conscience. Elle dit : *« On progresse dans la conscientisation expérientielle de la conscience – et on ne peut pas faire ça en une seule fois. »* Elle dit : *« Nous savons qu'il en est ainsi. Mais personne ne fait "je suis meilleur que toi parce que ma perception est plus vaste". Personne ne se fait pointer du doigt. »* Elle dit : *« Parce que les gens veulent faire leur propre expérience de leur propre conscience, à leur manière, ils veulent la développer à leur manière, alors... ça n'a rien à voir avec ce qui est bon ou mauvais. Ce sont des étiquettes. Tout EST, tout simplement. Tout EST. »*

Du frère de Terri K., dans le neuvième entretien :

Il ne dirait pas que ce sont des niveaux comme dans un escabeau... Il dessine plutôt une bulle. La bulle est le milieu. Il dit : *« C'est fonction de votre connaissance de cet environnement, mais il y a interaction. »*

De la mère de Marti, dans le dixième entretien :

Elle n'aime pas le mot « niveaux », elle emploie plutôt le mot *« ascension »*... s'élever. Elle me fait sentir que ce n'est pas comme les barreaux d'une échelle, il y a cette ascension vers le haut qui se rapporte à l'énergie. Elle me fait sentir que c'est très organique, très naturel, ça n'a rien d'incroyable... Ce n'est pas comme un building, c'est ce qu'elle me montre, où on descend au troisième puis on monte au quatrième. Elle me dit que tout ça fonctionne ensemble mais qu'il y a une ascension dans la progression.

Plus les esprits parlaient, plus ils donnaient l'impression qu'il n'y avait pas de niveaux à proprement parler ; c'était simplement la somme de connaissances qu'un esprit possédait qui lui permettait d'accomplir certaines tâches ou continuait au contraire de lui donner du fil à retordre. Voici comme le père de Cynthia l'a expliqué dans le cinquième entretien :

Il veut prendre le mot *« niveau »* et le transformer en *« connaissance du cœur »*. Il dit qu'il s'agit de connaître son cœur... Il veut l'employer comme jauge pour les niveaux. Il dit : *« Selon où vous savez être dans votre cœur – le savoir détermine le cours et la nature de votre existence. »* Il me fait sentir qu'il n'y a pas de carte ou de route... Il n'y a pas de route prédéfinie... C'est ce que vous savez intérieurement qui déterminera votre cheminement dans la nature de votre expérience.

Du grand-père de Sarah, dans le sixième entretien :

Il dit : *« À une époque de votre vie, vous ne pouviez pas conduire, mais vos parents savaient que vous sauriez le faire un jour ; donc ce n'était pas que conduire une voiture vous a jamais été interdit, ça a toujours été là, vous n'étiez tout simplement pas assez grands. Voilà toute l'affaire, en termes de niveaux. Rien n'est retenu, rien n'est gardé secret, on n'est tout simplement pas encore assez grand. »*

Le thème de l'éducation a vraiment joué un rôle dans les entretiens, surtout avec le père de Kourtnie dans le douzième entretien :

Il dit de le voir comme l'université, où vous pouvez acquérir une éducation simplement plus solide que celle d'un autre à côté de vous mais pas nécessairement aussi solide que celle de la personne derrière vous dans la file. Quand vous appliquez l'éducation au monde du travail, vous pouvez décrocher certains emplois parce que vous avez l'éducation nécessaire mais c'est impossible si vous ne l'avez pas. Il dit que si vous avez des connaissances, vous avez de l'énergie ; il y a cette combinaison qui se fait. Il dit que si vous l'avez, vous pouvez faire des choses qui sont impossibles à d'autres. Mais ça ne veut pas dire qu'un est mieux que l'autre... c'est juste où chacun est rendu.

La mère de Gabi a dit ceci dans le treizième entretien :

Elle dit que cette affaire de niveaux est une histoire mentale que nous nous assignons. Elle dit: « *Vous pouvez regarder votre voisin qui pense être à tel niveau alors que vous le verriez plus à tel niveau. L'histoire des niveaux est un jugement personnel que vous posez sur vous par rapport au stade où vous croyez que vous devriez être dans votre développement.* » Elle dit: « *Tout est une question d'énergie; tout dépend du fonctionnement et de la dynamique de l'énergie.* »

C'était un point très important que les esprits ont voulu souligner par rapport à la question: il n'y a pas de jugement sur l'étape où les gens croient être rendus dans leur évolution. Dans notre société moderne, nous aimons voir les gens en termes hiérarchiques, ceux au sommet étant considérés comme « nantis », alors que ceux qui sont en-dessous vont de « moins nantis » à « indigents ». Un sentiment de supériorité ou d'infériorité accompagne ce jugement, selon la position que vous croyez occuper dans ce continuum. Dans le monde des esprits toutefois, votre situation dans l'échelle de l'évolution est valable et personne ne vous juge pour cela. D'après le grand-père de Sarah, dans le sixième entretien:

Il comprend les concepts de niveaux mais il fait ceci avec... Il trace une ligne à cette hauteur et écarte les choses secondaires. Il dit: « *Vous êtes toujours là au sommet. Toute cette idée d'être moins que, ou autre chose, est complètement fausse. Ce n'est pas exact, ce n'est pas ainsi que sont les choses.* »

Du père de Kourtnie, dans le douzième entretien:

Il dit que c'est paradoxal... Il me montre cette idée d'une hiérarchie mais ajoute: « *N'en faites pas ce gros truc lourd et important. Ça ne veut pas dire que vous valez moins que la personne en haut ou plus que la personne en bas.* »

Bien qu'ils n'aient pas clairement défini ou délimité les niveaux, les esprits ont admis qu'une certaine sagesse pratique conférait dans leur monde des capacités ou des habiletés. De la mère de Gabi, dans le treizième entretien :

> Elle dit : *« Où vous êtes rendu dans ça (en termes de niveaux) détermine des fonctions, des habiletés, des choses que vous pouvez voir et faire. »* Elle dit que c'est comme attacher ses chaussures. On ne peut pas courir avec ses chaussures avant d'avoir appris à les attacher ; donc, il y aura peut-être des étapes ou des niveaux qu'on n'aura pas encore atteints pour pouvoir faire certaines choses – mais ce n'est pas une histoire de jugement. Personne ne dit *« vous ne valez rien parce que vous n'êtes pas à ce niveau »*.

Comme il n'y a apparemment pas de niveaux définis dans cette échelle de conscience, nous ne saurions déterminer avec exactitude « où » nous nous situons individuellement, car nous n'aurions aucun repère.

En fin de compte, comme le temps est simultané, les esprits ont reconnu que l'Âme suprême occupe le spectre tout entier ; c'est uniquement aux fragments individuels qu'il manque certaines perceptions de cette réalité. Le père de Debbie a fourni une illustration de ce concept dans le septième entretien :

> Pour lui… Il dit que lorsqu'on est dans l'intemporalité et qu'on voit ces autres incarnations, on devient instantanément conscient de la notion de niveaux… Mais dans l'intemporalité, comme on voit tout ça, on sait aussi que c'est déjà achevé… Quels que soient ces niveaux, ils sont déjà dépassés. C'est juste, en quelque sorte… amener la conscience à s'en rendre compte et à s'en pénétrer. Il dit : *« Sur terre, vous ne connaissez vraiment pas votre niveau »*… Il dit que sur terre, nous jugeons et comparons en nous fondant sur le mode de vie économique et ce n'est pas une base pour déterminer le niveau spirituel ou l'évolution de l'être. Pour une raison ou une autre, il s'accroche à un point de vue au lieu de passer à une conscience omnisciente achevée qui, il le comprend, veut dire passer dans l'intemporalité.

Pratiquer la patience… Il dit… il y en a tellement et c'est tellement « wow » que vous ne voudriez pas « vous rendre jusqu'au bout » d'un seul tenant. La vie est tellement extraordinaire, de son point de vue, qu'il n'a pas besoin et n'est pas forcé d'abandonner sa position. Il n'a pas le sentiment d'être un invalide à cause des autres.

Il est clair que le père de Debbie disait que la validité d'une vie ne dépend pas du niveau de l'individu, spirituellement parlant. Il avait vraiment raison de suggérer que sur terre, nous « jugerions » probablement quelqu'un si nous ne savions pas à quel « niveau » il se situe. En ce sens, il était peut-être sage que les esprits ne me disent pas ce qui sépare un niveau d'un autre – ou même si une telle séparation existe. Quoi qu'il en soit, le concept d'expansion et d'ascension a continué de faire partie des entretiens et de la façon dont tout se jouait dans le champ de l'intemporalité, comme l'a montré la mère de Marti dans le dixième entretien :

De son point de vue, on ascensionne, on monte. Elle me donne le mot *« particule »*… Bon, elle veut parler des aspects qui se réincarnent… Par certains côtés, les réincarnations complètent déjà cette ascension. Donc, certaines parties de vous sont déjà en haut et d'autres sont déjà en bas. Mais parce qu'elles sont imprégnées d'un sens d'individualisation même si vous êtes toutes reliées, elles sont néanmoins considérées… pas nécessairement comme une entité distincte, mais elles sont individualisées. C'est comme les doigts de votre main… Ce sont des doigts séparés, mais ils font partie de la même main.

Rose, la grand-mère de Terri, a donné une autre analogie pour expliquer la nature de l'expansion :

Elle ne veut pas diviser ça en niveaux, comme premier niveau, deuxième niveau, troisième niveau. Elle me fait sentir que c'est plus étendu. Elle n'aime pas l'image de l'échelle, comme si on était pris dans une échelle et qu'on devait passer au barreau suivant et au suivant. Elle dit : *« L'énergie existe dans un spectre. Dans ce spectre, vous pouvez monter ou descendre, aller plus lentement ou plus vite.* » Elle dit : « *Vous ne montez pas dans une voiture pour passer de zéro à 8 km/hre et sauter immédiatement à 96, sans passer par 9 km/hre jusqu'à 95.* » Elle dit que ça explique pourquoi l'analogie des barreaux de l'échelle ne fonctionne pas. On ne peut pas l'employer comme analogie. Parce que, comme pour un compteur de vitesse, on doit passer par les autres vitesses avant d'atteindre 95 km/hre. C'est comme une progression en douceur, pas par bonds. Certaines personnes occuperont ce qui pourrait être considéré comme un niveau inférieur (une zone moins rapide) et d'autres seront plus hautes, mais tout ça est interdépendant.

Dans le treizième entretien, la mère de Gabi a expliqué pourquoi le jugement ne s'applique pas à l'idée d'expansion :

Elle dit qu'en réalité, l'amour est le but parce qu'il englobe tout, il embrasse tout. Et tout est Un dans cette expression. Alors en réalité, c'est sur cette expression que vous travaillez.

En résumé, l'idée des « niveaux » imitant les barreaux d'une échelle est une image inappropriée pour la plupart des esprits. Apparemment, il y a des fréquences énergétiques – et le niveau de conscience semble jouer un rôle déterminant la fréquence qu'on occupe. Par ailleurs, même si ces fréquences favorisent certaines habiletés ou fonctions par rapport à d'autres, personne n'est jugé selon la fréquence qu'il ou elle occupe. Cette absence de jugement vient du fait qu'en un certain point de la bande de fréquences, une autre portion de l'Âme suprême avec une incarnation à vibration moins élevée est équilibrée par une incarnation à vibration plus élevée. La grand-mère de Grace l'a expliqué ainsi :

Elle n'en fait pas des niveaux ; elle veut en faire un paysage, comme pour dire que certaines personnes ont parcouru le terrain plus en profondeur que d'autres. Et ce faisant, en voyageant plus loin à travers le pays, elles ont appris davantage. Elle n'aime pas l'idée de la comparaison avec une échelle, avec des gens au-dessus d'autres gens. Elle ne veut pas donner cette impression. Elle veut donner l'impression que certains ont plus d'expérience que d'autres, ce qui leur vaut plus de savoir ou de sagesse. Elle dit que oui, certains sont plus sages en raison des lieux qu'ils ont visités, mais elle dit que ça ne nie pas la valeur ou le mérite des personnes ici-bas parce qu'on sait qu'elles seront aussi en haut à un certain point de leur cheminement.

La progression est déterminée par l'expérience que l'individu retire de sa vie (sur terre ou dans le monde des esprits), l'instruction qu'il en retire... C'est ce qui détermine son avancement. Elle me montre un corps et le remplit comme une bouteille de vin et me fait sentir que *« bon, ces personnes ont versé plus de vin dans leur corps grâce à leurs expériences. Elles ont bu davantage de leur vie... C'est le fait de faire le plein »*.

Autrement dit, ne vous en faites pas de savoir où vous êtes sur cette échelle abstraite – peu importe votre position, cette fréquence précise est importante et d'une richesse immense. En progressant, vous en apprendrez plus sur vous-même, sur ce que vous êtes, et en retour, vous pourrez faire davantage. Cependant, ne niez jamais qui vous êtes et où vous êtes en ce moment. Dans le grand ordre des choses, vous êtes déjà achevé ; vous êtes déjà *parfait*.

Question 20 :

L'ÉVOLUTION

Comment progressons-nous s'il y a des niveaux? Sommes-nous limités à un certain nombre de niveaux que nous pouvons franchir dans une vie? Progressons-nous dans le royaume spirituel comme dans la dimension matérielle?

Comme nous l'avons appris grâce à la question précédente, il n'y a pas vraiment de niveaux à proprement parler pour juger de l'évolution individuelle; il n'y a pas non plus d'échelle avec des barreaux prédéterminés définissant la position de chacun dans la hiérarchie de la conscience. Néanmoins, cette réponse n'invalide toujours pas l'idée de l'évolution et d'une forme d'avancement. Cette question a donc permis de brosser un portrait encore plus complet du but de la vie, que ce soit sur terre ou dans l'Au-delà. En quelques occasions, les esprits ont admis le concept des niveaux, ne serait-ce que parce que c'était la métaphore que j'employais. D'autres ont complètement écarté l'idée pour la remplacer par quelque chose de plus holiste.

Dans tous les cas, ils ont été unanimes pour dire que la progression est continue, qu'on soit sur terre ou dans l'Au-delà. Et le passage d'un endroit à un autre ne veut pas dire que l'évolution de chacun se fait à vitesse grand V non plus, comme l'a expliqué le père de Cynthia dans le cinquième entretien :

> Il dit que l'expansion est inhérente à chaque endroit où vous êtes, donc ils sont en évolution, même là-bas dans le monde des esprits. Il me fait sentir que *« ne croyez pas toutefois que notre expansion est plus avantageuse que la vôtre à cause de l'endroit où nous sommes par rapport à vous »*. Il me fait sentir que *« non, non, non, c'est relativement égal... »* Il dit : *« Non, c'est tout à fait égal parce que tout ça concerne la personnalité et l'individu. »*

Le grand-père de Sarah a abondé dans le même sens dans le sixième entretien :

> Oui, il dit que nous progressons dans les deux dimensions. La première partie de la question, l'idée d'être petit et ensuite « boum ! » de devenir cette grande entité spirituelle, non. Il dit que c'est un processus graduel. *« C'est votre vie, vous connaissez votre vitesse et votre façon de progresser. Vous ne grandissez pas d'un coup, en progressant à la vitesse incroyable d'une fusée et en devenant terriblement impressionnant. Ce n'est pas comme cela que les choses se passent. Cependant, tout est conçu pour suivre votre vision personnelle de l'évolution, votre propre sentiment de progrès »*, c'est ce qu'il me fait sentir. Il dit : *« Tant que vous aimez la vie et que vous y mordez à belles dents, vous progresserez. »*

Rose, la grand-mère de Terri, a dit ceci :

> Elle répond : *« Contentez-vous de vivre votre vie. Vivez juste votre vie. »* Elle me fait sentir que notre évolution est déjà entendue. Est-ce que nous progressons dans le monde spirituel en même temps que dans le monde physique ? Elle me fait sentir que oui, même si on est en dehors du corps,

on n'arrête pas d'apprendre. On ne cesse pas de grandir. Elle ne veut pas donner l'impression que c'est un grand livre d'histoire magique. Et elle me fait sentir que pour ce qui est de la progression, l'évolution de la conscience qui gravit l'échelle, elle admet que nous la percevrions comme quelque chose de très lent. Mais, quand vous êtes dans la zone d'intemporalité… il y a juste ce sentiment de paix, que tout est parfait, que tout s'arrangera. *« Vivez juste votre vie. »*

Quelques esprits ont de nouveau tenté de fournir une analogie pour expliquer le concept de l'évolution spirituelle, comme l'idée de l'échelle ne convenait vraiment pas. Entre la question précédente et celle-ci, le père de Nancy, entendu dans le troisième entretien, s'est retiré et a été remplacé par l'esprit de la sœur de Nancy, Katie. Cette fois encore, après que j'ai eu pris le temps d'obtenir des données pertinentes pour valider la liaison médiumnique, Katie a entrepris de répondre à la question :

Elle m'installe dans une voiture et nous descendons la route… descendons la… et elle parle du voyage. Elle met des nids-de-poule sur la route… Dès que vous demandez « comment progressons-nous ? », elle fait « boum ! » et me laisse tomber dans un nid-de-poule. Donc, elle dit que de son point de vue, l'évolution est dans les nids-de-poule… y tomber et en sortir. Ce sont les leçons. Mais elle s'assure que la route est plane plutôt qu'accidentée. La route est entièrement là pour vous… peut-être que vous ne la voyez pas toute… mais vous comprenez que ce n'est pas difficile. Ce n'est pas une montagne pour laquelle vous devez mettre toute la gomme, vous devez juste négocier les nids-de-poule. Elle dit que la route est toujours là, vous faites simplement le trajet.

Maintenant, elle dit : *« Pour ce qui est des nids-de-poule, si vous êtes assez brillant, vous pouvez les contourner. Toute cette histoire d'existence, venir ici et vivre des leçons difficiles, vous n'êtes pas obligé de faire ça. Ça n'a pas nécessairement à se passer de cette manière. C'est une route et vous pouvez voyager en contournant les nids-de-poule, si vous voulez. »*

Elle dit que la majorité des gens ne veulent pas. Elle dit que certains ressentent... une attirance naturelle pour les nids-de-poule. Ils les hypnotisent et les avalent. Mais, vous n'êtes pas obligé de faire ça.

Progresser dans le royaume spirituel en même temps que matériel... Elle dit : *« Oui, oui, oui, vous le faites très certainement. »* Elle dit : *« Vous pourrez mourir, vous ne cessez pas de vivre. Et vivre est le processus qui consiste à parcourir la route. »*

La grand-mère de Grace a dit ceci dans le quatrième entretien :

Elle dit qu'on progresse naturellement de soi-même en vivant... Puis, elle prend du recul et dit : *« Laissez-moi clarifier un peu... Une fois sortis avec les yeux ouverts et les oreilles ouvertes et le cœur ouvert et le mental ouvert, vous absorberez et verrez tout et vous serez capables d'assimiler la grandeur du tout. Et une fois que vous serez capables de le faire et de vous concentrer et d'accumuler les perles de sagesse qui viennent du même coup... vous progresserez sur la route. »* Elle dit : *« Par contre, certaines personnes sont incapables de faire ça. Elles peuvent juste faire des petits pas à la fois, elles ne voient pas ou n'entendent pas, elles bloquent une forme de sens ou elles absorbent bien tout mais ne retiennent rien – elles se contentent de repousser ce qui arrive aussitôt que ça arrive. »* Elle les tient comme pour dire, bon sang, leur mouvement est tellement lent...

Elle dit que la raison qui fait que c'est si lent est qu'elles ne comprennent pas qu'elles sont intriquées avec tout ce qui est, qu'elles font partie de tout et que tout fait partie d'elles. Quand vous commencez à le comprendre et que vous entreprenez de travailler avec et de l'orchestrer, vous pouvez commencer à avancer sur cette route pour devenir quelqu'un de meilleur et mieux comprendre ce qu'est la vie dans sa totalité.

Ici, la grand-mère de Grace a dit que chacun traversera le processus d'évolution à son rythme. C'est-à-dire que certains avanceront plus vite que d'autres. Mais, comme on l'a vu dans le chapitre précédent, personne ne juge personne en fonction de son niveau ou de son cheminement actuel perçu. Les esprits ont repris l'idée dans cette question. De Michael dans le premier entretien :

Il dit : *« Il n'y a personne qui vous pousse dans le dos... personne qui vous pousse dans le dos en disant "il faut que tu montes de deux niveaux" ou "allez, avance... rends-toi là-haut". Tout se fait à votre rythme. »*

Du grand-père de Sarah dans le sixième entretien :

Il dit : *« Certaines personnes pourront choisir de précipiter les choses, mais d'autres ne le font pas parce qu'elles savent que le temps étant simultané ou inexistant – vous êtes déjà là. »* Il dit qu'il est bon de prendre le temps de respirer le parfum des fleurs.

Du père de Debbie dans le septième entretien :

Il dit que la conscience étant sa propre cause, elle n'est ni bonne ni mauvaise ; l'évolution dépend entièrement de l'individu. Il me fait sentir que *« quand vous comprenez votre ampleur dans la grande entité (l'Âme suprême), vous voyez votre étincelle éternelle en tant qu'individu... Atteignant aussi à votre réalité universelle unique... Écartez l'idée qu'une personne est placée plus bas ou plus haut qu'une autre, parce que tous ces niveaux sont Vous dans la zone d'intemporalité »*.

Et ceci, de la mère de M. G. dans le huitième entretien :

Elle me fait sentir que l'on ne doit pas les voir en termes de niveaux. *« Les niveaux présentent l'idée psychologique d'une échelle que vous devez gravir et contre laquelle vous devez lutter. »* Elle dit que ce n'est pas du tout comme ça. *« Vous êtes où vous êtes en fonction de votre conscientisation. Ce qui ne veut pas dire que vous valez moins en tant que personne ou quoi que ce soit. Il n'y a rien de bien ou de mal à votre situation... »*

Elle me montre un corps qui se remplit comme pour dire: « *Tout ce que vous faites est remplir vos potentiels... votre existence. Ne vous laissez pas abuser par l'idée que vous devez être dans un cadre ou un type quelconque. Nous traversons tous cela, c'est inhérent à la fonction et ça fait partie de la réalité.* »

Donc, qu'entend-on exactement par progression? Dans le dernier chapitre, nous avons appris que la progression est affaire de conscientisation et que cette nouvelle sensibilisation apporte de nouvelles possibilités en termes d'aptitudes et de moyens d'action. Comme les esprits l'ont dit bien des fois: vous ne pouvez pas courir avant d'avoir appris à marcher. En réponse à cette question, ils ont d'ailleurs évoqué ce qui aidait ou nuisait à l'évolution personnelle: les croyances, les attitudes et les sentiments individuels. Commençons par le père de Kourtnie, dans le douzième entretien:

Il dit qu'au ciel, pour donner la perception de vous élever, pour monter, vous devez sortir de votre tête. « *Vous devez vous grouiller le derrière et vous ôter de votre foutu chemin.* » Et ce qu'il me montre, ce sont des billes de bois qui bloquent le courant et il me fait sentir que ce sont des conneries. Ce sont les conneries auxquelles vous vous accrochez intellectuellement sur la manière dont l'univers devrait travailler pour vous et qui vous pensez être en réalité. Il dit: « *Quand vous laissez tomber tout ça et que vous laissez l'eau couler, que vous comprenez que ce n'est pas vous contre l'univers, que c'est vous deux travaillant de concert, c'est là que l'évolution se fait.* »

De la mère de Gabi dans le treizième entretien:

Ainsi, « *une fois que vous abandonnez l'idée des niveaux et acceptez que c'est de l'expression et du travail avec l'énergie, vous pouvez aller partout où vous voulez* ». Ensuite, elle dit: « *Quand vous êtes sur terre, à cause de toutes les constructions mentales que nous créons, tout ce lavage de cerveau...* » Elle prend les idées mentales et les lance par terre comme des blocs de bois qui empêchent l'individu de bouger… Elle dit : *« Sur terre, si vous sortiez juste de votre tête, vous auriez la vie beaucoup plus facile. »* Mais… à cause de ce que nous faisons sur terre, la capacité d'avancer… elle aimerait mieux employer le mot « modifier »… *« Afin de modifier votre énergie pour aller vers d'autres avenues, ce serait beaucoup plus facile si vous n'aviez pas ces blocages mentaux. »*

Ici, la mère de Gabi a tenté de souligner l'idée que chaque individu est une fréquence énergétique et que son énergie est influencée par son évolution, ce qui lui fournit plus de possibilités.

Parfois, le simple fait d'avoir l'esprit fermé et d'être sous l'emprise du moi peut également inhiber le sentiment d'expansion, comme l'a rapporté le frère de Terri K. dans mon neuvième entretien :

Il me montre que les gens font beaucoup de… ne cherchent pas nécessairement à prendre de l'expansion… mais sont plus dans contempler leur nombril… Perspective narcissique. Il dit qu'il y a tellement de gens qui passent leur temps à contempler leur nombril au lieu d'admettre qu'ils pourraient prendre de l'expansion dans le monde et ne rien perdre d'eux-mêmes et de ce qu'ils sont. Il dit qu'il admet que c'est plus difficile quand on est dans un corps parce qu'on n'a pas accès aux perspectives qui viennent plus facilement en dehors du corps, mais on n'en reste pas moins capable d'initier le processus et d'en faire l'expérience.

Et, bien entendu, nous nous questionnons sur la nature de nos incarnations simultanées. Jouent-ils un rôle dans cette expansion ? Il serait fou de croire que non. Hélas, les esprits m'ont fait sentir que l'expérience terrestre, quand elle est vécue par des incarnations multiples, est un moyen pour évoluer et progresser. Nul doute que la dimension terrestre avec ses défis et ses facteurs de stress, mais aussi ses joies, peut être un excellent environnement pour renforcer l'âme individuelle. Certains esprits jugent que la nature de l'évolution est mieux appréciée et expérimentée dans ce creuset qu'en y travaillant à partir du monde des esprits, comme l'a dit Michael dans le premier entretien :

Il me montre qu'il y a bien des gens qui se reposent tellement sur leurs lauriers dans le monde des esprits, qu'ils sont parfaitement satisfaits d'y vivre et de faire et refaire la même chose en boucle avec l'idée que *«je vais me réincarner à présent, je vais me réincarner à présent»* et que de ce fait, leur progression est très lente.

Évidemment, cela prédispose à continuer de voir son existence dans un cadre chronologique linéaire ou à «refiler le bébé» volontiers à un autre aspect de soi qui vit l'expérience terrestre. Il faut l'admettre, placer l'essentiel de l'évolution dans le royaume terrestre plutôt que spirituel donne à penser que l'évolution est un lent processus, même si le temps n'a en fait aucun sens dans le grand ordre des choses, comme l'a expliqué Diane dans le quatorzième entretien:

Elle dit que c'est toujours de l'expansion, que ce soit ici ou là-bas. C'est toujours une question d'expansion. Et comme le temps n'a pas de sens, elle me fait sentir que *« vous ne devriez pas vous en faire à propos d'où vous en êtes rendus, tant que vous essayez d'être les meilleures personnes possibles. C'est la seule directive. »*

La grand-mère de Grace a ensuite expliqué que la réincarnation pourrait être considérée plus ou moins comme un «outil» d'évolution pour l'individu:

Elle dit que la majorité des gens utiliseront la technique... technologie... de la réincarnation... pour progresser. Elle dit que certains sont amoureux du monde matériel et c'est leur méthode préférée pour s'étoffer et avancer dans l'environnement. Ensuite, elle dit qu'il y a des gens ici qui ont « maîtrisé» – son expression – l'idée d'être obligés de le faire de cette manière. Donc, on peut continuer à se développer et à avancer dans l'environnement sans avoir à prendre un autre corps. Oui, l'évolution ne s'arrête jamais. C'est un gros ballon qui poursuit toujours sa course.

Dans le dixième entretien, la mère de Marti nous en a dit davantage :

> Bon, elle veut parler des aspects qui se réincarnent... Elle dit : « *À certains égards, vos réincarnations complètent déjà cette ascension.* » Donc, certaines parties de vous sont déjà en haut et d'autres sont déjà en bas. Mais parce qu'elles sont imprégnées d'un sens d'individualisation même si vous êtes toutes reliées, elles sont néanmoins considérées... pas nécessairement comme une entité distincte, mais elles sont individualisées.
>
> Elle me fait sentir que le facteur d'individualisation est lié à l'expérience, avoir de l'expérience, et même si vous pourrez le faire avec des aspects réincarnés à ce niveau (de l'échelle d'ascension), cela reste leur expérience et pas la vôtre. C'est comme donner des indices et des pistes à la totalité de l'être mais jusqu'à ce que vous en fassiez l'expérience, tout ce que vous avez est un indice ou une piste, pas le côté expérientiel de la chose.

En définitive, on peut imaginer que chacune de nos réincarnations simultanées englobe tous les niveaux de cette échelle de fréquence énergétique d'évolution. Quoique nous soyons reliés de diverses manières, occupant tous les barreaux inférieurs et supérieurs de l'échelle, nous n'en restons pas moins des individus et certaines perceptions pourront nous empêcher d'avoir conscience de cette formidable orchestration. Néanmoins, la clé est de continuer à nous imprégner de plus en plus d'expériences pour en arriver à devenir des êtres plus achevés et à le comprendre d'un point de vue multidimensionnel. Le fait de devenir des êtres plus achevés nous permet de faire et de devenir davantage avec nos aptitudes en œuvrant avec l'univers.

Les réponses ont toutes été identiques pour la deuxième partie de la question (« Sommes-nous limités à un certain nombre de niveaux que nous pouvons franchir dans une vie ? »). Si nous comptons utiliser le concept des niveaux, nous devons surtout comprendre que chaque « degré » offre une abondance de potentiels et de possibilités à explorer. Plusieurs esprits nous ont encouragés, mes consultants et moi, à « prendre notre temps et à prendre le temps de respirer le parfum des roses ». Il ne s'agit pas d'une course pour arriver au sommet et on ne peut s'élever à des niveaux supérieurs sans avoir la connaissance et l'expérience qui permettent de les supporter.

En définitive, le progrès accompli dans une seule incarnation a été jugé minime, en termes de petits pas. Ici encore, sans niveaux prédéfinis et sans rien pour distinguer un niveau d'un autre, il est impossible de savoir « jusqu'où » on pourrait évoluer, mais le consensus a été « pas très loin ». Selon Michael dans le premier entretien :

> *« Pour ce qui est de monter plusieurs niveaux, ce serait vraiment tout un exploit dans le monde physique... Il y a tellement... »* Il me fait sentir qu'ici sur terre, la fréquence est tellement basse, c'est tellement dense que ce serait un miracle de vraiment dépasser... Il dit qu'on peut certainement passer au niveau suivant mais aller plus loin et au-delà, fort peu probable.

Extrait du quatrième entretien, avec l'esprit de la grand-mère de Grace :

> Limités en termes de distance ? Elle me fait sentir que *« non, mais c'est tellement large et vaste que vous ne pourriez jamais en franchir trois ou quatre à la fois, un endroit, un évènement, un cheminement. Vous pouvez en sauter un, peut-être deux, mais il y a tant de choses d'impliquées dans un environnement, tellement à absorber ».* Elle me fait sentir que c'est une chose tellement merveilleuse et joyeuse – il y a tant à goûter dans chaque environnement, on n'a pas à sentir qu'il faut précipiter les choses.

Le père de Cynthia a ajouté ceci dans le cinquième entretien :

> L'environnement lui-même, oui, il a ses pistes et ses avantages, mais la vitesse de l'évolution reste tributaire

du mode opératoire de la personnalité individuelle. Les gens progressent lentement en s'élevant. Il me fait sentir que l'on ne va pas avancer de deux ou trois niveaux dans une seule incarnation. Il y a tout simplement trop de choses associées à chaque niveau, pour ainsi dire. Et il dit : *« Pourquoi voudriez-vous faire ça, de toute façon ? Parce que si ça vient d'ici (le cœur), vous voulez sentir toutes ces choses au fur et à mesure dans la vie, donc vous voulez prendre le temps de souffler. Et vous devez être capable de bien l'exprimer de toute façon, ce qui fait que vous ne pouvez pas juste vous faufiler en vitesse, parce que dans ce cas, vous n'en avez pas une vraie connaissance. »*

Extrait du neuvième entretien, avec le frère de Terri K. :

Il me fait clairement sentir qu'avancer de niveaux dans une incarnation matérielle, ce n'est pas plus qu'un ou deux, du moins si on est pour assigner des niveaux. Et il dit : *« Le fait de connaître la capacité d'expansion ne garantit pas une ascension ou une descente rapide des niveaux (selon la façon dont vous voulez le décrire). »* Il dit que ce serait sans importance de toute façon, on ne peut pas courir avant de marcher.

De la mère de Gabi, dans le treizième entretien :

Elle dit : *« Certains peuvent faire des pas de géant et sauter ce que nous appellerions deux ou trois niveaux, mais c'est plutôt rare. La plupart ne le font pas. Ils se laissent trop hypnotiser par le cirque, le manège. »* Elle le montre comme un carrousel.

Donc… Progression… Évolution… Expansion. C'est ce qui se produit peu importe où nous vivons, que ce soit ici ou dans l'Au-delà. Qui plus est, il semble que l'évolution ne soit pas prédéfinie comme un motif par étapes, mais qu'elle soit plus une inclination graduelle fondée sur les préférences de chacun pour ce qui est de faire l'expérience de la réalité. Ce n'est qu'avec le recul que nous classerions certaines périodes de l'existence pour les mettre dans une boîte et baptiser certains points niveau 1, niveau 2, niveau 3, etc. Ainsi, la progression s'est faite graduellement de l'homme des cavernes à l'homme moderne, mais quelqu'un pourrait découper son existence à grands pans – en fonction de ses propres critères – avec la portion homme des cavernes de son aspect réincarné comme niveau 1, puis la portion fabricant d'outils plus modernes comme niveau 2. D'un autre côté, quelqu'un d'autre pourrait ne pas diviser les niveaux en se basant sur l'avancement technologique mais sur la conscientisation spirituelle. Dans ce cas, l'homme des cavernes pourrait être plus conscient et en phase, spirituellement parlant, à un niveau supérieur d'avancement que, disons, un aspect réincarné qui vit dans les années 1980. Qui fait ces déterminations ? *Vous*, apparemment.

> « La perception des niveaux est unique à chacun. Il n'y a pas d'échelle ou de barreaux prédéfinis que vous devez grimper – tout ça, c'est dans la tête. »

L'idée n'est pas que « vous grandirez, vous progresserez ». Non, l'idée est que c'est déjà exactement ce que vous êtes en train de faire. Et aussi, que vous pouvez prendre votre temps, jouir de la plénitude de chaque expérience. En fin de compte, le temps n'a pas d'importance ; seule, la plénitude de la beauté et de la conscience de chaque expérience nous donne l'impulsion et la volonté naturelle d'évoluer.

C'est la joie de vivre.

---

* Note de l'auteur: S'inspirant de la formulation de mes questions dans ce chapitre, les précédents ou les suivants, les esprits ont parfois répondu en employant le terme « niveaux » ou « échelle » mais c'était pour m'aider ; ils ont repris poliment une métaphore reconnaissable pour que je puisse comprendre en fonction de ma grille de lecture terrestre limitée. En conséquence, j'ai continué d'employer le terme tout au long de mon récit. Cependant, je n'avais pas l'intention de semer la confusion. Je veux assurer le lecteur que la majorité des esprits ont beaucoup insisté pour dire que nos concepts terrestres de niveaux ou d'échelles ne convenaient pas ou n'étaient vraiment pas appropriés pour décrire la véritable nature de l'évolution spirituelle. Je vous laisserai avec une meilleure métaphore, celle de la progression sur une autoroute, une image que quelques-uns ont employée. Même dans ce cas, la destination n'est pas définie mais pourra pourtant couvrir tout le paysage, si vous voulez. Donc, dans cette métaphore, l'état d'avancement des différentes âmes pourrait être considéré comme associé aux bornes kilométriques, couvrant la topographie du paysage riche et varié de l'existence.

Question 21 :

L'ASPIRATION À L'ÉLÉVATION DE CONSCIENCE

S'il n'y a pas de niveau, pourquoi nous a-t-on enseigné leur existence durant des siècles, enseigné à croire qu'il faut absolument aspirer à élever notre conscience ? Pourquoi ne pas simplement vivre et jouir de l'instant ?

Quand j'ai conçu les questions au début, j'ignorais si les niveaux existaient ou pas ; j'ai donc pensé qu'il serait important de poser la question dans le cas où les réponses aux questions précédentes nous apprenaient qu'il n'y en avait pas. À ce stade des entretiens, nous avions déjà la réponse à la question des « niveaux » mais j'ai tout de même demandé à mes consultants d'interroger les esprits. Comme toujours, leurs proches décédés ont eu des renseignements fascinants à nous transmettre.

Pourquoi nous a-t-on inculqué tout au long des siècles à aspirer à l'élévation de la conscience ? Deux esprits en ont parlé en répondant à la question. Ils ont dit que cet élan qui pousse à croire à l'importance de l'évolution spirituelle, qui vient de la religion, est sérieux, mais ils ont aussi été d'avis que la religion organisée avait fait plus de mal que de bien avec sa manière d'en inculquer l'idée à la conscience collective de ses ouailles – qu'il s'agisse de chrétiens, de musulmans, d'hindous ou autres, comme l'a montré l'esprit de Rose dans le onzième entretien :

> Elle a tout de suite pointé la religion du doigt. Elle a tout de suite pointé la religion du doigt et dit : « *Cette idée d'essayer de faire des efforts pour ressembler à un ange, c'est à cause de la religion. Elle a été établie comme une construction dans la dimension terrestre.* »

Dans le quatorzième entretien, Diane a expliqué l'idée en détail à l'aide d'une illustration frappante. Elle ne s'était jamais considérée comme quelqu'un de religieux de son vivant sur terre et la nature de sa réponse l'a clairement montré :

> Elle dit qu'on nous a enseigné ça en partie parce que nous avions des tyrans – tant politiques que religieux – qui voulaient nous dominer. Elle m'entortille et veut m'emprisonner dans des cordes et elle me fait sentir que « *c'est en partie un ramassis de conneries qu'on nous a enfoncé de force dans la tête durant des siècles* ». Elle me fait sentir qu'à certains égards, nous voulons respecter l'idée d'expansion mais elle me fait sentir que la façon que c'était dirigé ici sur terre, c'était une affaire de domination. « *Il nous faut laisser ça dans le passé.* »
>
> Elle me montre que la voie terrestre traditionnelle pour grandir et prendre de l'expansion avait toujours été une question de respecter et louer le point de vue d'un autre sur l'Au-delà et Dieu et on s'est servi de ça comme mécanisme de contrôle. Ça n'a jamais été une question d'entrer en soi et de prendre de l'expansion au profit de son âme et de sa conscience personnelle ; c'était toujours pour servir la vision

qu'un autre avait de Dieu. C'est comme ça qu'on exerçait le contrôle. Et elle dit sortir et jouir de la vie, en fait... ça n'a jamais été la voie traditionnelle. Devriez-vous sortir et jouir de la vie ? *« Oui, c'est pour ça que vous êtes là, mais ce n'est pas vraiment comment vous avez construit les choses sur terre. »*

L'esprit de Michael, mon premier interviewé, qui a aussi affirmé qu'il n'était pas quelqu'un de religieux de son vivant sur terre, a déclaré que la religion était une des grandes raisons qui expliquait l'existence du concept des niveaux. À ce stade de l'entretien, son énergie et ses façons d'être s'exprimaient vraiment bien, comme l'indique ma réponse. Personnellement, j'essaie de maintenir une certaine réserve en transmettant l'information mais à ce moment, l'énergie de l'esprit imprégnait vraiment ma conscience :

Il dit que cette histoire de niveaux comme la religion organisée nous l'a racontée est un paquet de conneries... Il dit de ne pas le voir sous l'angle de la vénération religieuse. Il dit : *« Pensez au soleil qui se lève tous les matins. C'est quelque chose qui existe, tout simplement. Vous n'adorez pas ce foutu soleil qui se lève tous les matins, alors ne le faites pas avec cette histoire de niveaux. C'est ainsi que sont les choses, vous progresserez et vous ferez ce que vous êtes censé faire, n'en faites pas tout un cérémonial. »*

Quoi qu'il en soit, la pulsion ou l'inspiration de devenir de plus en plus grand est innée en chacun de nous. C'était le message que les esprits sont venus transmettre en général, à commencer par l'ex-conjoint de Jodi dans le deuxième entretien :

Il dit que vous connaissez déjà... l'expansion de la conscience. Il me fait sentir que nous connaissons tous quelque part, consciemment ou inconsciemment, l'existence de cette portion d'expérience et d'expansion dans notre être. Toute l'idée de se précipiter là-bas au galop et de faire ce que nous avons envie, nous savons à l'intérieur de nous que ce n'est pas de ça dont il est question. Oui, les gens s'engageront dans ce genre de voies mais il dit qu'en fait, elles contribuent à cette grosse bulle en expansion en quelque sorte.

Selon Katie, la sœur de Nancy, dans le troisième entretien :

Elle dit que l'affaire des niveaux... ce que nous en faisons ici sur terre, nous en faisons cette grosse affaire majeure. Elle me fait sentir que là-bas, oui, c'est important, mais « *nous n'y accordons pas trop d'importance... C'est un courant d'évolution naturel. Nous n'en faisons pas une grosse affaire religieuse.* » Elle dit : « *Nous faisons des efforts en ce sens, mais nous n'en faisons pas une grosse menace... Quand vous en faites une menace, vous en faites quelque chose qui est presque impossible à atteindre. Vous n'avez pas besoin de faire ça – nous cheminons tous sur cette route, elle est tout ce que nous sommes et nous ne faisons que cheminer dans qui nous sommes et ce que nous sommes...* »

À la lecture de ces propos de Katie, on a l'impression qu'il faut prendre cette idée d'expansion « moins au sérieux ». Nous nous prenons peut-être parfois trop au sérieux quand nous décidons enfin de nous réveiller et d'entreprendre de nous conscientiser davantage. Peut-être, peut-être pas. Par contre, je sais que je suis comme certains : nous aimons scruter toutes les petites choses que nous faisons parce que nous voulons nous assurer qu'elles contribueront au plus grand bien, pour nous-mêmes ou notre communauté. La grand-mère de Grace a dit ceci à ce sujet dans le quatrième entretien :

Elle dit que c'est un savoir intuitif dans tout ce qui vit... ce mouvement... cette insistance à devenir plus grands que ce que nous avons le sentiment d'être... C'est un impératif intrinsèque, cette façon d'être. Elle dit : « *Nous sommes liés à notre évolution, elle fait partie de notre raison de vivre.* »

La mère de M. G. a repris la même philosophie dans le huitième entretien :

Elle me fait sentir que « *l'aspiration... c'est que nous sommes conscients de ce que c'est, de notre raison d'être. Il y a une volonté naturelle de la réaliser. C'est simplement que nous avons créé cette idée de niveaux. Nous pourrions avoir une autre perception. Mais l'idée générale est là – l'expansion* ».

Du père de Kourtnie, dans le douzième entretien :

Il dit que c'est une pulsion biologique fondamentale d'exprimer toute l'énergie de votre conscience. C'est comme si vous êtes cette centrale énergétique et c'est votre travail de comprendre pleinement ce qu'elle peut être.

Et ce petit commentaire de Rose, dans le onzième entretien :

Elle dit que c'est une fonction naturelle de la vie, une fonction de l'existence. Il n'y a que nous sur terre pour en avoir fait cette longue liste incroyable de choses à faire, quand c'est une chose qui se fait naturellement. Elle prend du recul et dit : « *C'est comme penser qu'une plante se forcera à pousser, alors qu'elle pousserait naturellement même si elle ne s'encourageait pas à le faire.* »

Terri a souri devant l'analogie employée par sa grand-mère. Lorsque je lui ai demandé pourquoi, elle a dit que Rose avait toujours été une horticultrice passionnée – fait que j'ignorais – et que c'est exactement ainsi qu'elle aurait décrit les choses.

Outre que la volonté d'expansion est une contrainte naturelle, la plupart des esprits ont aussi dit que pour tirer le maximum des possibilités de l'expansion, nous devrions nous permettre de goûter fermement chaque instant qui passe. C'est ce que la grand-mère de Grace lui a dit avec insistance dans le quatrième entretien :

Elle dit : « *En te permettant de goûter le présent de la vie, c'est précisément ce que tu veux faire. Si tu parles de paresse, non, parce que tu ne grandiras pas. Tu vas stagner...* » Elle dit que vous ne pouvez pas faire ça, la vie ne vous y autorise pas. Vous savez, vous commencez à ressentir... des choses... de l'insatisfaction... Vous avez des élans, vous avez de l'ambition. Certains vivront cette ambition autrement que d'autres. Certains auront beaucoup d'ambition, d'autres en auront peu... mais il y aura toujours quelque chose pour vous faire bouger. Ensuite, elle se reprend et dit : « *C'est bien de se reposer aussi, de temps à autre.* »

Dans le cinquième entretien, le père de Cynthia a aussi parlé de vivre l'instant :

Il dit que vous devriez vivre et goûter le présent de la vie ; de cette manière, vous comprendrez l'expansion. Ce n'est pas sans moments d'insouciance... Mais il revient à la charge et dit : « *Le désir est toujours là, c'est une impulsion, c'est une volonté... C'est simplement que nous nous mettons au défi de le faire. C'est inné en tout, d'avoir cette expansion...* » Il en parle comme de « grandir »... Devenir une entité spirituelle adulte ou quelque chose du genre.

Le grand-père de Sarah parle dans le sixième entretien de s'investir dans sa vie pour prendre de l'expansion :

Il dit qu'on est censé vivre et jouir de l'instant de la vie ; c'est toute l'idée. C'est la seule manière de grandir et de prendre de l'expansion... Il essaie de dire un mot qui commence par « ex »... Bon, il dit : « *La seule manière d'extirper les fausses idées et croyances de votre existence est de jouir de la beauté et du caractère merveilleux de la vie.* » À présent, il se rétracte et dit : « *Cela ne veut pas dire d'abuser des drogues, de l'alcool ou du sexe.* » De son point de vue, quand il est question de drogues et d'alcool, ceux qui en prennent n'essaient pas de s'investir dans la vie, ils essaient de s'en cacher. Il dit : « *Ce n'est pas cette façon de voir, ne vous engagez pas avec cette façon de voir : vous devez vous investir.* » Il dit : « *Vous devez sentir que la vie vous soutient, que vous êtes en sécurité avec elle et qu'elle veut que vous soyez là – quand vous vous sentez ainsi et que vous jouez, c'est une fête, c'est une célébration.* »

Le père de Debbie a fait écho à ces propos :

Son point de vue est que « *vous devriez vivre et goûter l'instant de la vie... parce que c'est la joie de tout ça... c'est le véritable secret* ». Il dit que lorsqu'on se place du point de vue qu'on est déjà au plus haut niveau (si vous voulez assigner des niveaux – le temps étant un filtre que nous appliquons, inspiration et expiration, inspiration et expiration –), si on est capable de mettre ça de côté et de comprendre que c'est déjà achevé, vivre et être heureux de le savoir, alors cette histoire de niveaux est sans importance. Ne vous placez pas dans cette sphère.

Cependant, certains esprits nous ont mis en garde pour ce qui était de nous montrer trop indulgents, surtout sans maîtrise de soi ou connaissances essentielles. Quand profiter de la vie sert plus au moi qu'à s'émerveiller et à prendre plaisir à vivre, c'est là que les choses deviennent délicates, comme l'a dit Rose, qui avait eu une existence plutôt tapageuse de son vivant sur terre :

Elle glousse et dit : *« J'en ai profité, c'est vrai – c'est ce que j'ai fait. J'ai essayé de goûter l'instant de la vie. »* Mais ensuite, elle me montre qu'elle ne connaissait pas les embûches.

Dans le douzième entretien, le père de Koutnie a aussi évoqué son indulgence passée :

Il prend du recul et dit : *« Faites bien attention parce que vous pourriez vous retrouver pris dans votre propre merde. »* Il dit que c'est parce qu'il avait cette autre personnalité quand il était jeune. *« Je me permettais de faire à ma guise. »* Et ça faisait de lui l'être dur et brutal qu'il sait avoir été à l'époque. Et ce n'est pas avant qu'il commence à lâcher prise et à voir l'impact qu'il avait sur les autres qu'il a vraiment entrepris de changer. Donc, il voit l'indulgence autrement. Il la voit comme si « se faire plaisir » pouvait mener beaucoup trop loin dans l'égoïsme.

Même si nous nous laissons prendre (et parfois bouleverser) par le cours de notre existence temporelle, les évènements peuvent néanmoins profiter encore à l'évolution de notre esprit. Vous vous souvenez de Brandon qui s'était suicidé ? L'ex-mari de ma consultante, qui a pris la parole après Brandon pour répondre aux questions, a parlé du décès malheureux du jeune homme et mentionné que son suicide n'en restait pas moins un pas dans son évolution :

Il dit que notre ami qui s'est suicidé par balle... Il ne le comprend pas tout à fait encore, mais il est en train d'apprendre que même cette expérience produit un peu plus d'air dans son ballon ; quoique nous la verrions plutôt comme une mauvaise expérience, négative ou autre chose, il n'en reste pas moins qu'elle a encore son potentiel de croissance.

J'aimerais conclure ce chapitre (et la discussion sur les niveaux) par un message de la mère de Gabi. Elle a résumé la chose – en partant du fait que les niveaux sont simplement une perception jusqu'à la raison qui devrait nous motiver à nous investir pleinement dans notre vie – et expliqué pourquoi nous traversons parfois des épreuves brutales. En fin de compte, c'est le processus naturel de notre conscientisation grandissante. Voici ce qu'elle nous a dit :

Elle fait s'équivaloir l'histoire des niveaux avec l'effort de devenir tout ce que nous pouvons être. Elle dit : « *Parce que nous sentons le désir de devenir tout ce que nous pouvons être, nous sommes tellement magnifiques et tellement extraordinaires que nous nous sentons poussés à explorer ça ; c'est notre nature, c'est ce que nous sommes venus faire ici.* » Elle dit par certains côtés... Elle le comprend selon une toute nouvelle perspective... À certains égards, elle avait l'intention d'avoir les problèmes qu'elle a eus dans la vie, afin de passer au travers... Parce que c'était ce qu'elle pensait et ressentait. À un certain niveau, elle accepte d'avoir choisi de les vivre. Elle dit : « *Quelque part en moi, je savais que je pensais et sentais tout ça, comment j'allais cheminer sur cette route.* » Elle accepte ça.

Mais l'histoire des niveaux... L'idée est de devenir tout ce que nous pouvons être. C'est l'impulsion... On devrait jouir du moment de la vie avec cette idée en tête. Et alors, on a vraiment son mot à dire. On peut influencer. Elle dit : « *Vous regardez trop à travers des verres fumés. Quand vous êtes sur terre, vous portez des verres fumés qui vous empêchent de voir la lumière qui est présente dans tout...* » Elle dit que le voile n'est en réalité que ces verres fumés que nous portons. Parfois, on peut les retirer un instant pour voir.

Question 22 :

SOUS SURVEILLANCE

Ceux qui vivent dans le monde de l'Âme ont-ils constamment accès au monde matériel ou ils doivent être appelés ou convoqués ? S'ils ont les coudées franches, n'avons-nous aucune solitude réelle dans le monde matériel, ni intimité d'ailleurs, comme dans nos affaires intimes et personnelles ? Sommes-nous toujours sous observation ?

Oui ! La question du voyeurisme ! Il fallait la poser. Et elle est valable. Vous vous êtes certainement interrogé à ce sujet. Comme médium, c'est parfois ce qu'on craint, ne serait-ce qu'en raison du caractère moral sous-jacent de la question. Je l'admets, j'ai déjà vécu un incident où un esprit a essayé de communiquer avec moi pendant que j'étais sous la douche ! Fait amusant, il s'agissait de Diane, du quatorzième entretien (avant que j'aie fait les entretiens pour ce livre), qui voulait que je dise à ma femme Heidi qu'elle était heureuse de voir qu'elle changeait de service dans l'entreprise où elles avaient toutes deux travaillé. Cependant, cette communication audacieuse était vraiment une exception et ne constitue pas la règle.

Ensuite, il y a l'autre extrême. S'ils ne nous observent pas constamment, comment entrent-ils en contact avec nous ? Comment savent-ils que nous pensons à eux ? Quand nous disons leur nom, est-ce qu'un téléphone métaphorique se met à sonner dans le monde des esprits avec notre nom inscrit dans l'identifiant de l'appelant ? La première réponse que j'ai reçue a vraiment ouvert la voie :

> Ils peuvent le sentir quand on pense à eux, quand on parle d'eux. Il dit que comme pour le langage, il y a juste une certitude. Il dit : « *Se retrouver là contre son gré, non, ça n'arrive pas.* » Il me montre qu'ils peuvent nous ignorer, même s'ils sont conscients de nous. Il me fait sentir qu'« *il y a des gens qui sont ici depuis tellement longtemps, qui ont laissé le monde derrière eux il y a 20, 30 ans, sinon plus ; ils sont tellement habitués à présent... Même s'il pourrait y avoir des gens sur terre qui parlent d'eux, les célèbrent, ou autre chose... Ouais, ils sont heureux de le savoir mais ils n'ont aucun désir de retourner sur terre, de leur rendre visite ou de faire ce genre de contact... Ils ont laissé tout ça derrière eux, c'est sorti de leur conscience.* »

Apparemment, les esprits ont donc une sensibilité plus aiguisée qui leur permet de savoir quand on pense à eux ou on parle d'eux. Cela ne veut pas nécessairement dire qu'ils répondront pourtant, selon leurs désirs du moment. La réponse a aussi montré que si l'esprit est parti depuis longtemps, le souvenir de la terre peut se fondre à l'arrière-plan de sa conscience par rapport au Maintenant de son existence. Voici ce que Ock a dit dans le deuxième entretien :

> Il dit : « *Nous avons conscience de vous quand vous nous appelez mais nous ne répondrons pas toujours. C'est que d'où nous sommes, nous comprenons vos limites et votre compréhension de tout ceci (la vie dans l'Au-delà/la communication)... Nous vous enverrons toujours de l'amour en retour. Que vous le receviez ou non... Pour certaines personnes, c'est sans importance parce qu'elles comprennent le grand ordre des choses, mais vous n'êtes jamais négligés. C'est juste que vous ne serez peut-être pas nécessairement l'objet d'une intention.* »

Ici, Ock a expliqué les choses un peu plus en détail en disant que lorsque nous pensons à nos chers disparus, ces derniers ont conscience de cette affection dans l'Au-delà et renverront souvent un sentiment d'amour en retour ; cependant, ils ne feront pas nécessairement des pieds et des mains pour nous rendre visite ou faire beaucoup plus. C'est-à-dire qu'ils ne se manifesteront pas « intentionnellement » ou « de force » dans notre réalité pour entrer en contact avec nous à moins de le vouloir. Dans le septième entretien, le père de Debbie a décrit la chose ainsi :

> Appelés ou convoqués... Il dit que c'est leur choix s'ils veulent rendre visite. On ne peut pas les faire sortir de force. Ils peuvent sentir... ils ont une impression... qui leur dit. Il me fait sentir quelque chose comme « *est-ce que je t'entends dire "viens ici, papa"?... Non, je ne t'entends pas dire ça physiquement, mais je sais que c'est ton intention, parce qu'il y a une fréquence énergétique qui vient avec et dès qu'elle me touche, je sais simplement ce qui est demandé. Donc, à ce stade, on peut chevaucher l'onde de fréquence pour retrouver la personne et interagir avec elle.* » Il dit : « *Bon, il y a des moyens d'interaction... Ça devient une autre forme d'interaction... nous sommes ici et vous êtes là-bas... parce qu'il y a toute cette variation d'énergie moléculaire en jeu, qui soulève des difficultés pour relayer les messages.* »

Donc, si nous examinons plus attentivement cette réponse, nous voyons que la différence de fréquence énergétique entre ce monde et le suivant nuit à la transmission efficace des messages. Si je saisis ce qu'il essayait de nous faire comprendre, ce n'est jamais facile, au minimum. Il y a pourtant une vibration énergétique que les esprits peuvent percevoir, qui leur dit dans l'Au-delà qu'un vivant pense à eux ou souhaite entrer en contact avec eux. Cette impression a été évoquée encore une fois dans l'entretien avec la mère de M. G. :

> Elle dit qu'ils peuvent venir en visite quand bon leur semble... Ils n'ont même pas à être appelés ou convoqués. Elle dit : « *Tant que vous pensez à nous, vous émettez une sorte de fréquence ou de note que nous pouvons détecter. Maintenant, nous avons entièrement le choix de répondre ou*

non.» Mais, ils sont au courant quand on pense à eux et certainement quand on ressent des sentiments à leur égard.

Et de nouveau, brièvement, dans le dixième entretien avec la mère de Marti :

> Elle écarte la terre du royaume spirituel... C'est une question de dynamique énergétique. Elle dit : *«La sphère terrestre a son propre niveau d'énergie et ici (dans l'Au-delà), l'énergie a un autre format, une autre fréquence... il y a une séparation. Mais, nous avons connaissance des pensées et des sentiments car ils traversent l'énergie.»* Elle dit aussi : *«Nos vies sont ici et tout comme vous pouvez nous fermer la porte de votre monde et ne pas nous sentir quand nous vous parlons, nous pouvons faire pareil avec vous; en revanche, nous pouvons vous entendre mieux que vous pouvez nous entendre.»* Et elle revient à la charge et dit : *«Nous pouvons venir en visite, nous pouvons venir et ne pas nécessairement interagir.»* Elle montre une porte ouverte... *«Nous pouvons vous transmettre des choses par une porte mais en raison de la nature des fréquences, la nature de l'énergie étant ce qu'elle est, nous sommes limités. Il y aura... des éléments qui contribuent aux questions, aux problèmes, aux facteurs de stress, qui rendront la chose difficile. Pas impossible, mais difficile.»*

Il semble donc que nos appels ne passent pas inaperçus, mais la vie continue et les esprits ont leurs propres activités qui pourront les empêcher de nous répondre. Par ailleurs, plusieurs ont volontiers décrit comment l'accès à la dimension terrestre était géré dans l'Au-delà, ce qui contribue à l'état des communications entre les dimensions :

> Elle (me) dit : *«Ce que vous faites en ce moment, modifier votre conscience pour recevoir, nous devons faire la même chose ici. Ce n'est pas écarter un voile et tout est accessible; c'est un processus... c'est un processus...»*

Ici, l'esprit fait allusion au processus de médiumnité. On croit que l'esprit doit ralentir son énergie vibratoire et le médium accélérer la sienne pour que la communication s'établisse. Quand ils se rejoignent à mi-chemin, leurs énergies ont des fréquences assez semblables pour que l'information puisse être transmise – pareil à un syntoniseur radio. Ensuite, il y a les problématiques du corps matériel sur terre, différentes de celles du corps spirituel. Elles présentent un défi encore plus grand quand l'esprit a quitté la terre depuis longtemps :

« Si nous choisissons de venir, il ne sert à rien de nous convoquer – vous pouvez appeler, nous déciderons. Mais quand nous choisissons de venir, il y a un changement de focalisation que nous devons faire pour pouvoir... » Elle dit : *« Rappelez-vous la question sur la communication, c'était une certitude instantanée. Quand vous avez été ici et que vous devez retourner, comprenez que nous avons communiqué autrement que nous en avions l'habitude... Et donc, quand nous nous rapprochons de la terre et faisons ce genre de chose, nous devons traverser... nous devons changer les choses. Nous devons faire les choses autrement. Votre mécanisme (le corps) ne traite pas l'information comme nous le faisons. Donc, nous devons venir et modifier les choses pour... réaliser "l'impossible". »*

La grand-mère de Grace est revenue sur le sujet dans le quatrième entretien :

Elle dit que l'accès au monde matériel exige du travail. Elle dit que la communication est possible et que les deux mondes sont interdépendants de façons qui nous échappent, à vous et à moi, mais que la communication est possible... Elle dit : *« Par certains côtés, c'est comme un téléphone... Vous prenez un appareil à un bout, vous en prenez un autre à l'autre bout... mais vous devez prendre en considération l'électronique et ce qui se passe entre les deux. »* Elle dit : *« C'est là-dessus que nous travaillons quand nous faisons cet échange avec vous... nous appliquons ces métaphores électroniques.* » Ce n'est pas... comme notre façon de communiquer ici dans le monde matériel où nous avons une vibration physique qui déplace l'air et la rend facile à entendre. C'est un processus complètement différent. Elle dit : « *Vous ne nous rejoignez pas toujours... Nous menons nos propres vies. Exactement comme vous mettez parfois votre répondeur pour qu'il prenne vos messages, nous faisons la même chose.* »

Le grand-père de Sarah a élaboré :

Il dit : « *En effet, nous avons la capacité de communiquer avec les gens sur terre, mais vous devez comprendre que c'est un processus. Parfois, c'est aussi simple que de murmurer à votre oreille, mais il est très rare que ce soit ainsi à cause des conditions dans les deux directions...* » Quand il dit « *conditions* », il parle des conditions corporelles pour nous... du travail... Il dit : « *Cela ne se fait pas très souvent de cette manière. C'est un processus à part. Ce n'est pas aussi facile que parler ou chuchoter.* »

Cependant, tel que mentionné précédemment et exemplifié ici, les difficultés de communication entre les dimensions sont en grande partie à mettre au compte de la dissonance entre les fréquences énergétiques. Et selon la mère de Gabi, certains ne souhaitent tout simplement pas communiquer à cause de cela :

Elle dit : « *Certains refusent de venir en visite parce que... quand vous vous rapprochez de la terre, votre énergie ralentit. Certains ne veulent pas avoir à vivre ça.* »

Bien entendu, le temps écoulé contribue aussi à l'absence de communication – ou devrais-je dire, *l'attention* détournée de la terre ainsi que l'intérêt pour la vie spirituelle rendent l'idée des contacts terrestres moins désirables. Voyons les choses en face : si vous êtes parti depuis plusieurs années terrestres, la vie dans le monde spirituel est devenue votre ordinaire et la terre fait simplement partie de votre passé. Et dans bien des cas sinon tous, ce passé n'était pas aussi agréable que la vie dans le monde des esprits, donc le désir de retourner en visite ne sera peut-être pas nécessairement très fort, comme l'a indiqué Ock, l'ex-mari de Jodi, dans le deuxième entretien :

> Il dit : « *Vous devez comprendre que lorsque vous quittez la terre et que vous êtes ici, comme dans tout, cela devient votre expérience quotidienne. Donc, vous perdez le lien avec la terre.* » Non, non, il a une meilleure analogie : « *À quelle fréquence remontez-vous le temps en imagination pour avoir de nouveau cinq ans ? Vous ne le faites pas. Vous laissez ça derrière vous et vous continuez d'avancer. C'est la même chose ici. Une fois que vous arrivez ici, vous avez des souvenirs mais vous ne passez pas votre temps à traîner en bas sur terre.* »

De la grand-mère de Grace dans le quatrième entretien :

> Elle me fait sentir que… plus vous êtes là-bas depuis longtemps, moins vous voulez nous observer ici. C'est une toute nouvelle vie, un nouveau monde… Elle dit : « *Je viendrai veiller sur toi si tu me demandes de le faire… mais la plupart du temps…* » Elle sait que vous prenez bien soin de vous, donc elle ne ressent pas le besoin de veiller sur votre sécurité.

Ici encore, les esprits ont insisté pour dire que, leurs vies s'engageant dans de nouvelles activités dans le monde de l'Âme, leur préoccupation n'était pas de regarder en arrière sur terre mais d'aller de l'avant. Dans le quatorzième entretien, Diane s'est montrée pleine d'entrain à ce sujet, surtout quand il a été question de voyeurisme :

> Elle rit et dit : « *Vous devez penser que nous n'avons rien à faire, ici.* » Elle dit que dans son cas, « *j'ai déjà vécu sur terre, je suis au courant du genre de trucs qui se passent en bas, je n'ai pas besoin d'espionner. J'ai déjà vécu ça. Je sais ce que c'est* ». Elle dit : « *Vous devez penser que nous sommes de vrais pervers !* » Elle suggère « *nous n'espionnons pas ; nous ne vous surveillons pas comme ça.* » Elle dit : « *Nous sommes intimement conscients de ce qui se passe sur terre parce que nous sommes tous interdépendants… En ce*

sens, nous savons… mais en termes de surveillance… nous n'avons pas de temps pour ça, nous continuons de vivre nos vies. »

D'après le grand-père de Sarah dans le sixième entretien :

Il dit : « *Quand vous passez ici, vous avez des souvenirs de la terre mais vous ne pouvez pas y retourner en courant ; vous devez faire en sorte d'organiser votre vie ici, c'est ici que vous êtes rendu. Votre vie va de l'avant dans cette direction à présent, pas à rebours. Nous n'avons pas les coudées franches ni le libre accès, parce que ce n'est pas là que nous sommes. Et il y a ce savoir inné que nous devons aller de l'avant, qui fait que nous ne passons pas notre temps à regarder en arrière.* »

D'après le père de Debbie, dans le septième entretien :

Il dit : « *Quand quelqu'un part et arrive ici dans le monde spirituel, il est encore très égocentrique et centré sur lui-même. La volonté de compréhension, d'intégration, est beaucoup plus grande et donc, il ne se préoccupe pas vraiment de la terre. La vie terrestre est terminée, il vient de la quitter ; comme il veut la laisser derrière, il n'y retournera pas, la plupart du temps… C'est ça. Parce que nous sommes tous reliés, il y a un lien spirituel entre tout le monde, que ce soit sur terre ou dans l'Au-delà. Quand les gens sont dans l'Au-delà, ils ont connaissance de ce que les gens pensent et ressentent sur terre s'ils sont ouverts à cette perception consciente. Par contre, certains sont encore tellement plongés dans leur propre mouvement, ils auront connaissance de ce qui se passe sur terre mais n'en tiendront pas compte.* »

Dans le douzième entretien, le père de Kourtnie a ajouté ceci :

Il dit : « *Mon Dieu, nous avons tous notre vie ici à gérer. J'ai encore cet aspect égoïste en moi… Je suis moi et il faut que je suive mon chemin. Je ne perds pas mon temps debout sur un nuage à vous surveiller de là-haut.* » Il dit : « *Nous ne sommes pas constamment en train de vous observer et de nous pencher sur votre vie. »*

Selon Rose, les différences entre les énergies créent vraiment une sorte de filtre entre leur monde et le nôtre, ce qui indique une forme de séparation – du moins, c'est ainsi qu'elle la percevait :

> Elle me fait sentir que *« nous nous occupons de notre vie et donc, nous ne vivons pas pour vous. Nous continuons de vivre pour nous-mêmes. Vous n'êtes pas espionnés ». Elle dit : « Avec le filtre, la séparation est assez grande pour que vous ayez vraiment votre intimité. »* Même quand la communication peut se faire, même si les choses peuvent franchir le vide, elle me fait sentir qu'il y a suffisamment de filtres en place pour qu'on ne puisse pas vraiment jouer au voyeur. Mais elle souligne que tout ce que nous faisons est néanmoins enregistré d'une façon ou d'une autre pour être rejoué lors du bilan de notre incarnation. Elle ne comprend pas comment ça marche, juste que ça marche.

Selon la mère de Marti, dans le dixième entretien :

> Elle dit : *« La sphère terrestre occupe son propre espace... »* Elle l'écarte du royaume spirituel... C'est une question de dynamique énergétique. *« La sphère terrestre a son propre niveau d'énergie, et ici (dans l'Au-delà), l'énergie a un autre format, une autre fréquence... il y a une séparation. »*

Il semble donc que plusieurs facteurs entrent en jeu quand il est question pour les esprits de communiquer et de nous rendre visite. Les fréquences sont différentes et, selon ses capacités, un esprit pourra avoir du mal à modifier ses énergies pour rendre la communication et la reconnaissance, ou une visite, possibles.

Quant à l'impression d'être sous observation, tous les esprits ont admis qu'il n'en était rien. Certains l'ont même souligné avec emphase, comme Michael dans le premier entretien :

> Observés dans le physique? Il hurle après moi en disant: *« Vous croyez que nous n'avons rien de mieux à faire que de vous surveiller?? Mais pas du tout! Nous avons nos vies à mener. Nous comprenons à présent pourquoi certaines choses se produisent sur terre, pourquoi la vie fonctionne comme elle le fait à certains égards. Quand nous sommes ici, vous êtes là-bas; nous ne restons pas ici à vous observer et à dire "oh, ils viennent juste de se mettre dans la merde". Nous ne faisons pas ça. Oui, à un certain niveau, nous comprenons que c'est probablement ce que nous dirions si nous étions sur terre, mais nous avons ce point de vue totalement différent à présent... Nous vous voyons faire ce que vous avez à faire ainsi que les lignes d'évolution que vous avez créées. Nous ne pouvons pas juger, nous ne jugeons pas parce que, bon sang, nous avons fait la même chose. Alors, ne vous en faites pas que nous vous surveillions comme une sorte de grand Voyeur dans le ciel... Non, ça n'existe pas. »*

Comme la vie continue et que le bilan d'incarnation (et le nouveau milieu de vie adopté dans l'Au-delà) permet de mieux comprendre le fonctionnement de l'incarnation terrestre, nul doute que nous sommes laissés à nous-mêmes sur terre, pour nous orienter surtout par nos propres moyens et nos propres actions, comme nous l'avons vu dans les entretiens sur la question. Cela ne veut pas dire que nous ne sommes pas entourés d'esprits – je crois que nous le sommes –, seulement qu'ils ne nous espionnent pas et n'essaient pas de mener notre barque contre notre volonté, une idée reprise par la grand-mère de Grace:

> Elle me fait sentir que nous avons notre vie privée. *« Nous ne sommes pas là à vous surveiller jour et nuit. Nous avons nous-mêmes nos vies. Nous savons comment vous vous sentez à propos de certaines choses et nous avons un autre point de vue sur la question... Et nous honorons certaines de ces choses ici. Vous n'êtes pas toujours sous observation. »*

Le grand-père de Sarah l'a exprimé parfaitement:

Il rit de bon cœur et dit : « *Nous ne vous surveillons pas. Nous avons nous-mêmes nos vies à mener.* » Il dit : « *Nous existons, nous sommes vivants, nous voulons continuer à vivre. Quel plaisir y a-t-il à rester assis à regarder vivre les autres ? Nous avons accès à la dimension physique dans la mesure de notre capacité à communiquer dans cet ordre d'idées.* »

Quand j'écris sa phrase, je ris en pensant aux gens sur terre qui sont tellement collés sur la « téléréalité » qu'ils passent à côté de leurs propres possibilités de vivre, en regardant les vies (souvent arrangées) des autres. Le père de Kourtnie a poursuivi sur cette lancée dans le douzième entretien :

Il dit : « *C'est à vous de gérer vos affaires personnelles – personne ne vient voir, espionner ou quoi que ce soit.* » Il poursuit « *mon Dieu, nous avons tous notre vie ici à gérer. J'ai encore cet aspect égoïste en moi... Je suis moi et il faut que je suive mon chemin.* »

En fin de compte, les esprits peuvent accéder au monde matériel mais ce n'est peut-être pas nécessairement facile à faire ni même souhaitable. La beauté et l'émerveillement de l'Au-delà font que leur vie se poursuit dans la joie et qu'ils vont de l'avant dans leur existence, mais ils nous honorent, se souviennent de nous et nous envoient leur amour. À l'occasion, ils sont prêts à faire un effort pour communiquer et nous rendre visite : à se rapprocher, à modifier leur énergie, à changer la cible de leur conscience pour qu'elle s'harmonise avec la nôtre et celle de la terre. Néanmoins, nos affaires personnelles et intimes nous appartiennent – je crois que c'est parce que tout cela reste lié à nos cheminements personnels ; ce sont les leçons que nous sommes venus apprendre et sachant que nous devons passer au travers, les esprits ne souhaitent pas nuire à notre évolution. Dormez donc sur vos deux oreilles – vous n'êtes pas sous le regard indiscret de ceux qui sont passés dans l'autre monde. Il n'y a qu'amour, honneur, et respect.

Question 23 :

LA NATURE DU MAL

Qu'est-ce que le mal? Y a-t-il des aspects malveillants qui sont aussi puissants que les aspects bienveillants et peuvent-ils prendre forme et corps de démons, par exemple? Sinon, pourquoi certaines personnes font-elles l'expérience de ce genre de choses? Est-ce une illusion ou la réalité?

On ne peut pas vraiment aborder la nature de la spiritualité et de la vie après la vie sans toucher ce sujet. Y a-t-il de mauvaises gens en ce monde? Je pense que nous répondrions tous unanimement: « OUI ! » Ceux qui violent, assassinent ou provoquent autrement de grands traumatismes dans la vie de leurs semblables juste par autoglorification pourraient être considérés comme faisant partie de cette catégorie. Pour la plupart, Hitler représente le mal incarné; pour d'autres, c'est Charles Manson ou n'importe quelle armée de tueurs en série diaboliques.

Alors, qu'arrive-t-il à ces individus quand ils meurent? Continuent-ils de vivre sous l'aspect de démons, comme nous en avons tous vus dans les peintures gothiques médiévales? Et qu'en est-il des démons dans ces œuvres d'art ? L'homme médiéval (et beaucoup d'autres encore aujourd'hui) croyait à l'existence de ce genre de personnages. Les chers disparus de mes consultants pourraient-ils faire la lumière sur la réalité de l'enfer ? Eh bien... oui. Et chacun a eu beaucoup à dire sur le sujet.

L'essentiel de la question tournait autour de la somme de connaissances de l'individu sur la nature de la spiritualité et de l'univers. C'est-à-dire, était-il conscient de son interdépendance avec toutes choses ? Connaissait-il par ailleurs le sentiment unique de la souveraineté de chaque âme ? La compassion ? Le libre arbitre ? Certains esprits rencontrés dans les entretiens n'ont pas accepté l'utilisation du mot *« mal »*, seulement *« ignorance »*, comme Michael dans mon premier entretien :

> Il dit que ce n'est pas le mal – c'est le savoir versus l'ignorance. Il dit : *« Il y a juste des gens qui sont si sacrément stupides qu'ils refoulent et font des choses stupides. »* Il dit que c'est en grande partie une question de pouvoir personnel, d'ego, ce genre de chose, où vous avez des entités qui refusent d'accepter leur « souveraineté » personnelle et réagissent à partir de leur ignorance, de leur... « précieuse identité », ce qui fait qu'elles créent des incidents, des sentiments ou des évènements que les gens considèrent comme mauvais.

D'après Ock, dans le deuxième entretien :

> Il me fait sentir que le mal n'existe pas mais la stupidité, oui. Et c'est la stupidité qui crée... Il fait allusion aux ploucs qui commettent des crimes. Vous voyez ces ploucs, vous voyez qu'ils sont juste vraiment stupides et qu'ils ne le savent pas ... C'est cette histoire de psychose... C'est cette histoire de mal. C'est juste des gens qui agissent et croient et sont stupides et ne sortent pas de cette limite et de cette béquille. Il emploie le mot *« béquille »*... comme si certains sont tout simplement comme ça... C'est une béquille qui leur permet de se sentir puissants ou autre chose. Ils se coupent complètement du bien universel.

D'après la grand-mère de Grace, dans le quatrième entretien :

> Elle me montre... quelqu'un qui n'a pas grandi et appris leurs façons de faire encore. Ces êtres sont toujours en mode réactif – à réagir par opposition à participer... Ils voient... Bon... Ils sont en réaction, ils ne reconnaissent pas leur lien d'unité, ils se voient toujours comme séparés, donc ils mettent ce comportement en pratique, ce qui crée les évènements, les idées et les choses que nous considérons comme étant le mal. Elle dit qu'il y a des gens vraiment méchants ici qui ne comprennent pas ça... ils sont mentalement idiots. Le mal, c'est l'individu déconnecté.

Ici, en fonction des affirmations précédentes, les esprits disent que les gens méchants sont ceux qui ignorent totalement qu'ils sont reliés à tout et à tout le monde et que c'est la nature même de leurs actions qui révèle leur psychose. Comme le dit le vieil adage, en faisant du mal à un autre, c'est seulement à soi qu'on en fait en réalité, toutes choses étant interdépendantes et Unes dans l'univers. Beaucoup de données scientifiques le prouvent, à commencer par ces analyses de surveillance du rythme cardiaque et du réflexe psycho-galvanique de couples séparés, qui ont révélé que la réaction émotionnelle d'un des partenaires a un effet simultané sur l'autre, qu'ils soient ou non dans la même pièce.

Le grand-père musulman de Sarah a expliqué les mauvaises gens grâce à une analogie sur la vitesse, comme pour dire qu'une majorité progresse sur la route de l'évolution en avançant à 80 ou 95 km/hre, alors que ceux qui sont perçus comme « méchants » ou « mauvais » avancent plus lentement :

> Il dit : *« S'il faut donner une vitesse à l'évolution, la majorité des gens évoluent à ce rythme à travers les expériences normales de la vie... »*

J'ai fait en même temps un mouvement de la main pour donner une impression de vitesse.

> « … *et ces individus, parce qu'ils ont l'esprit tellement fermé et tout, avancent à un rythme beaucoup plus lent* ». Il me fait sentir que lorsque vous êtes dans le monde des esprits, vous regardez ces individus, vous ne pouvez pas vraiment les voir comme méchants, vous pouvez juste les voir comme moins intelligents. Parce que nous sommes tous engagés dans cette même évolution, ils ne font qu'avancer dans le même sens mais beaucoup plus lentement, parce qu'ils ont beaucoup plus de problématiques à régler, beaucoup plus de choses à résoudre, beaucoup plus de… Il n'aime pas le mot « démons »… juste beaucoup plus de divisions, divisant les choses qui se passent et qui les occupent.

Quant à la mère de ma huitième consultante, elle m'a donné une image merveilleuse pour résumer l'analogie du savoir versus l'ignorance :

> Quand vous mentionnez le mal, elle fait « *hhhiiii* ». Ensuite, elle m'ouvre cette vision de… de son être ici en haut (comme sur une montagne) et il y a cette large crevasse et le mal en bas (dans la vallée). Elle me montre… comme de la boue, de la saleté, de la merde. Elle me fait sentir que, oui, il existe mais il est très étroitement relié à l'énergie… Ici, il y a cette crevasse, alors ce n'est pas quelque chose qui l'affecte mais elle admet l'existence de ce que nous considérerions comme méchant et mauvais… et elle poursuit… C'est juste de l'ignorance, ils n'ont pas encore compris, alors ils se comportent de façon ridicule. Elle comparerait ça à un problème de santé mentale vraiment grave. Ils sont comme… Elle dit « *des mioches stupides, des mioches stupides* »… Elle me montre un terrain de jeux avec des enfants qui se bousculent et s'asticotent mutuellement, parce qu'ils ne savent pas comment se comporter et interagir… « *toutes ces petites choses stupides qu'ils ne comprennent simplement pas* ».

Dans le quatorzième entretien, Diane est vraiment entrée dans la dynamique énergétique avec cette question. Qui plus est, elle l'a présentée en brossant un portait beaucoup plus vaste de la position des « méchants » dans le grand ordre des choses, un aspect que nous considérerions généralement d'un mauvais œil sur terre :

> Elle dit : « *Vous devez comprendre que la conscience existe dans toutes les formes et que ces formes que vous considérez comme mauvaises ou méchantes, ou comme de l'énergie noire, vont évidemment exister, parce que la conscience se manifeste sous toutes ces différentes formes. L'énergie du mal, l'énergie mauvaise, n'est qu'une fréquence énergétique. Quand vous êtes en bas sur terre et qu'il y a ces gens qui tuent et font tout ce mal aux autres, vous devez comprendre qu'ils ne tuent personne puisque la vie est éternelle ; donc, c'est une fausseté. Donc, c'est l'énergie, c'est la psychologie de la personne qui est déréglée.* » Elle dit que c'est l'accumulation des leçons. À certains égards, le mal ou les ténèbres créent des avenues d'apprentissage et d'expression pour que l'âme plus grande devienne une âme encore plus grande. En ce sens, le mal a une fonction positive qui consiste à compléter la conscientisation de la conscience. Elle dit : « *Même ici, il y a des choses que nous jugeons répugnantes, dégoûtantes et tout ça, mais nous les voyons du point de vue de la conscience dans son expansion de la compréhension de Tout Ce Qui Est.* »

Autrement dit, selon ce que les esprits ont dit, « le mal » et « la méchanceté » sont des étiquettes que nous avons créées et rattachées par la suite à certains comportements qui nous laissent en colère, tristes, détachés et avec le sentiment d'avoir été violés. Toutes ces réactions sont valables, selon moi ; cependant, ces comportements n'en sont pas moins considérés comme des voies viables d'apprentissage et d'évolution – malgré que nous pourrons détester la leçon quand elle se déroule de cette manière.

Comme nous l'avons appris dans les chapitres sur les « niveaux », la connaissance et la sagesse d'une personne influent sur ce qu'elle peut et ne peut pas faire d'elle-même, le style de vie qu'elle est capable de vivre. Quand je dis « style de vie », je ne parle pas de qui peut avoir une belle voiture ou une belle maison, mais plutôt de la mesure de joie ou de déception qui est acceptée en conscience par l'esprit. À ce stade, le style de vie et les capacités ont fusionné en fonction de son niveau de conscience. Quel qu'il soit, ce niveau se caractérise par une fréquence énergétique, une énergie de conscience.

Imaginer que les gens occupent une fréquence commence à ressembler à l'idée d'une échelle d'évolution, si ceux qui sont perçus comme ayant des réactions et des comportements négatifs sont considérés comme « méchants ». Bien entendu, nous avons tous de ces réactions et de ces comportements, mais quand quelqu'un vit surtout à partir d'un point de vue limité et dans l'ensemble contraire à la vie, il semble occuper une plage de fréquences que nous jugerions « perturbée ». Voici ce que la mère de Marti a dit sur les gens méchants dans le dixième entretien :

> Pour ce qui est du mal, elle préfère le voir comme quelqu'un qui est en bas du spectre énergétique. En ce sens, elle admet que le mal existe mais veut lui appliquer une signature énergétique. Et elle dit : *« Quand vous êtes en bas, dans la partie inférieure du spectre énergétique, c'est le signe que vous avez un certain genre d'idées, de morale et de processus de pensées… C'est comme si vous ne connaissez pas vos possibilités, vous ne connaissez pas vos ramifications, vous ne connaissez pas les processus et modes d'émission de votre énergie… Oui, vous êtes sur l'échelon inférieur si on applique la métaphore de l'échelle. En fin de compte, vous finissez par vous élever. Le mal existe mais c'est une question d'ignorance. »*

De plus, comme les âmes qui occupent une fréquence inférieure (ou bande de fréquences, si vous les voyez comme des stations radio) ont été considérées comme plus perturbées et plus handicapées par leur ignorance et leur manque de conscientisation, les esprits ont dit que la réalité qu'elles occupent est différente de la réalité des âmes occupant une autre plage de fréquences. C'est-à-dire que si quelqu'un vibre à l'intérieur d'une plage de fréquences donnée en fonction de sa conscience ou de son savoir spirituel, sa fréquence produit un type d'environnement et d'expérience différant d'un autre à fréquence vibratoire différente. Un concept simple et pourtant extrêmement profond.

Donnons ici un exemple visuel, complètement arbitraire et abstrait. Disons que le type de plage de fréquences occupé par un meurtrier en série ou un sociopathe malveillant se situe entre les barreaux 0 et 2 – c'est la vitesse à laquelle leur conscience vibre en fonction de leurs connaissances et de leurs expériences. Nous pourrions la mettre en contraste avec, disons, celle de quelqu'un qui sert dans une banque alimentaire, fait du bénévolat au refuge de son quartier, ou encourage autrement la vie au lieu de la détruire. Disons que cette personne vibre entre 8 et 10 sur notre échelle hypothétique. Selon les esprits, comme l'écart entre les deux taux vibratoires est très large et étant donné les connaissances et la sagesse expérientielle acquises en participant de la vérité universelle et de la spiritualité, ces deux individus n'ont pas d'interactions ni d'occasions de se croiser. Ce n'est pas que le « méchant » brûle en « enfer » ou pourrit dans une chambre de tortures, mais plutôt que son expérience est beaucoup plus limitée et ne lui accorde pas cette vision panoramique pour voir au-delà de sa « vision microscopique », et encore moins pour interagir avec l'autre réalité occupée par notre « bon » en fonction de sa « vision macroscopique » plus expansive, en haut de notre échelle.

Quoi qu'il en soit, l'objectif de l'existence étant le développement, l'expansion et l'évolution, même les « méchants » peuvent apprendre, se réconcilier et avancer – exactement comme les autres, ainsi que nous l'apprit Michael dans le premier entretien :

> Il dit *« dimension inférieure, dimension inférieure »*, donc ils perçoivent bel et bien... Je crois que ça fait partie de cette histoire d'échelle, les différents niveaux. Il dit : *« En partie oui, parce qu'ils occupent une autre plage de fréquences, ils seraient ici en bas. Mais comme vous pouvez le voir, ils peuvent s'élever, il faut juste un petit changement de volonté, un changement de pensée »*... Il me fait sentir que c'est ainsi qu'on gravit l'échelle.

Le père de Cynthia a abondé dans le même sens dans le cinquième entretien :

Il dit que cette histoire de démons pourrait être vue comme des gens ici qui ont un intellect plutôt médiocre, ils n'ont tout simplement pas encore compris. Il dit : *« Ils ne resteront pas là. Comme dans tout, cette capacité innée de grandir et de prendre de l'expansion est aussi en eux. Ils finiront par passer au travers de ce processus où ils sont ; ils deviendront des anges, comme les autres. Ils sont juste... »* Il rit et dit : *« Voyez-les juste comme des petits morveux qui n'ont pas encore appris à se tenir au parc. »*

Le frère de Terri K. était du même avis dans le neuvième entretien :

Il admet l'existence de ces forces, ces êtres ou entités... qui existent à ce niveau inférieur d'énergie et font des choses que nous jugeons méchantes, fautives ou mauvaises. Il veut dire un mot qui commence par « tau »... *« Taulard » ?* J'entends le mot *« taulard »*... C'est apparemment comme des détenus dans une prison ou un établissement carcéral. Il me fait sentir que ce sont des détenus qui ont simplement perdu contact avec la nature des choses. Mais il reconnaît aussi, avec notre vie, on finit par monter, donc ils sortiront de leur prison et de leur façon d'être à un moment donné et ils ascensionneront...

Le père de Kourtnie a souligné le rôle créateur de l'âme dans le mal :

Il admet qu'il y a des gens méchants. Il dit qu'ils sont vraiment noirs, s'il faut les comparer en termes de fréquence de lumière. Ils ne sont pas précipités en bas dans une sorte d'enfer. Il dit qu'il y a une position de longueur d'ondes mentales que nous ne pourrions pas comprendre... ce que ces individus traversent. Il dit qu'ils se font vivre leur propre enfer à cause de leur comportement. *« C'est ainsi qu'ils perçoivent leur énergie, donc ils se créent cet environnement. »* Ils ne peuvent pas s'élever jusqu'ici, jusqu'où il est, à cause de cette histoire de connaissances. Il dit : « *La création de chacun est engendrée par le niveau d'énergie qu'il manifeste aujourd'hui. Ce niveau sera en accord avec sa mentalité.* » Il dit que le mal existe, mais que les individus sont dans un environnement qu'ils créent.

Et de la mère de Gabi, dans le treizième entretien :

Elle dit que lorsque vous avez quelqu'un de diabolique, il est mis « *dehors* »... C'est une question de... à cause de la nature de leur énergie et de leur fonctionnement, ces individus ne sont pas « là-haut », énergétiquement parlant. Elle dit : « *Nous savons que nous sommes des entités d'énergie supérieure, mais cet individu n'a pas cette connaissance et cette capacité ENCORE... Cette conscience... est en réalité entièrement illusoire en un sens, mais la conscience reste dans un état énergétique qui équivaut à sa "mauvaise" fréquence.* » Elle dit qu'étant donné que cette conscience vibre à sa propre fréquence /longueur d'onde par rapport aux autres, elles n'ont pas d'interaction. Elle dit qu'on doit apprendre à marcher avant de courir ; les méchants seraient les marcheurs tandis que tous les autres courent.

Il semble donc que certaines fréquences créent un environnement vraiment unique. Je ne sais pas comment cela fonctionne ni pourquoi mais cela me fait penser à un saut quantique, quand un électron gravitant autour d'un atome passe brusquement d'un état énergétique à un autre. Les scientifiques ne comprennent pas exactement pourquoi ou comment le phénomène se produit, mais c'est l'image qui me vient à l'esprit quand je pense au mal occupant une série de fréquences ou de longueurs d'onde. Peut-être que de nouvelles connaissances propulsent notre conscience dans un autre état vibratoire, qu'il s'ensuit un saut quantique de l'esprit et donc, un changement équivalent dans les milieux de vie et les capacités.

On nous a fait remarquer que ceux qui vivaient dans ces « royaumes inférieurs » n'étaient ni prisonniers ni pris au piège, que des esprits descendaient des royaumes supérieurs pour les aider à résoudre leurs problèmes et leur donner envie de progresser, comme l'illustrent les deux réponses suivantes, à commencer par celle de Ock, dans le deuxième entretien :

> Il dit que quelques-uns de ce que nous appellerions les « *niveaux supérieurs* » descendent aider ces individus à s'éveiller. Il dit : « *Bon sang, je suis content de ne pas en faire partie.* » Il ne croit pas qu'il aurait de la patience avec eux.

De la sœur de Nancy, Katie, dans le troisième entretien :

> Elle dit que des esprits des niveaux supérieurs descendront dans ces royaumes inférieurs pour essayer de travailler avec ces individus et les orienter vers les bons conseils et dans la bonne direction. Ensuite, elle dit : « *Les références contextuelles empêchent ces individus de s'engager sur la voie de l'ascension.* » Ce doit être à cause de leur psychologie et de leurs perceptions.

J'ai vraiment aimé ce que la mère de Gabi a dit sur certains des auxiliaires qui descendaient des dimensions supérieures pour aider :

> Elle dit : « *Ces individus qui sont en bas, certains d'entre eux travaillent vraiment à résoudre leurs problèmes et ils savent pourquoi ils sont là... pour une raison...* » Elle dit que ce sera basé sur leur bilan d'incarnation... Ils font leur thérapie et leur guérison... Par contre, étant donné ce qu'ils ressentent à leur sujet et la réalité de leur impact sur les gens... ils ont obligatoirement beaucoup de choses à régler.
>
> Elle dit que certains esprits supérieurs jouant le rôle de guide spirituel ont déjà été à la même place. Parce qu'ils ont progressé et qu'ils l'ont fait à la dure, cela fait d'eux les pédagogues idéaux pour aider les gens en bas.

Nous avons tous entendu des histoires d'horreur de gens qui ont vu des démons hideux – inhumains, épouvantables et mauvais. Naturellement, je devais inclure cet aspect de la question pour voir si les esprits admettraient vraiment l'existence de pareilles choses. À mon profond étonnement, ils *l'ont admise !* Néanmoins, ils ont tous dit que l'aspect hideux était une expression énergétique de l'esprit blessé ou torturé. Personne n'a dit qu'il y avait de vrais démons comme nous en sommes venus à le croire à partir des anciens textes sacrés – pas d'anges déchus, pas de Lucifer : ce ne sont que des symboles mythologiques. Non, un « démon » qui vit dans les fréquences plus basses reste encore une expression de conscience sur le chemin de l'évolution, un diamant brut qui n'en est pas moins né créature divine. Hélas, à cause de leur ignorance, bien des âmes se punissent pour leurs perceptions horribles et tronquées. Toutes n'ont pas l'apparence d'un démon dans les fréquences inférieures, certaines ont même l'air tout à fait « normales ». Seules les âmes avec de profondes cicatrices psychologiques choisissent de prendre une apparence aussi torturée et tout cela pour des raisons fort intéressantes, comme l'ont expliqué les esprits suivants, à commencer encore une fois par Ock, l'ex-mari de Jodi :

> Il dit que vous aurez des gens qui croient qu'ils sont tellement mauvais ou abominables qu'ils se créeront cette façade. Sérieusement, ils ont vraiment des problèmes au niveau mental. Ils ont des problèmes. Ils ne font pas que jouer la comédie.

Du père de Cynthia dans le cinquième entretien :

> Il dit qu'il y a des esprits qui aiment prendre une personnalité démonique. Pour certains, ce n'est pas une blague. Ils se perçoivent réellement ainsi, en partie parce qu'ils se considèrent comme morts, déséquilibrés ou mauvais. Donc, la nature de leur énergie et leur système de croyances créent cette identité. Ils créent une identité. Il dit : *« Pensez à l'enfant qui a toujours été dénigré, morigéné et maltraité par ses parents. »* Il dit que c'est ce que certains ressentent à leur égard – *« Voyez à quel point je suis horrible ; voyez à quel point je suis affreux. Voici comment je me perçois... »* Ils sont aux prises avec des problèmes d'ego. Il dit : *« Tout cela est très bien, parce qu'il y a des gens en haut qui descendent pour essayer de les aider. Mais, jusqu'à ce qu'ils soient prêts à l'accepter, ils resteront où ils sont. »*

Du père de Debbie, dans le septième entretien :

Et l'affaire, c'est que... comme ils... étant si conscients de leur ego et pas conscients du grand ordre des choses dont ils font partie... quand ils arrivent dans l'Au-delà et passent leur vie en revue... Certains disjonctent et se bannissent eux-mêmes, pour ainsi dire.

Dans le quatorzième entretien, Diane l'a expliqué ainsi :

Elle dit que certains esprits se créeront cette apparence de démon mais pour de multiples raisons... Une étant que l'âme dans l'Au-delà croit qu'elle est laide et hideuse à cause de la nature de son expression, donc elle crée cette image d'elle-même – c'est du mépris de soi, en ce sens. Et elle dit : *« Parce que c'est une âme blessée... elle est dans les niveaux inférieurs d'apprentissage de ses leçons et donc, il faut qu'elle se développe. »* Je n'arrête pas de voir le mot « critère », comme pour dire que c'est inscrit dans la conscience collective parce que nous l'avons accepté durant tant de millénaires dans les textes anciens... que si vous êtes mauvais, vous devez avoir l'air de ceci et être comme cela. Comme c'est imprimé dans la conscience humaine, certains auront juste cette réaction automatique parce qu'ils ont l'impression que c'est ce qu'on attend d'eux.

Évidemment, nous nous questionnons ensuite : qu'en est-il de ceux qui ont affronté le mal, qu'il soit incarné, comme aux mains d'un meurtrier, ou désincarné, comme avec l'activité malveillante d'un esprit frappeur ? (Tous ces phénomènes ne sont pas des rencontres avec un esprit, mais je n'entrerai pas ici dans les détails). Selon les occupants de l'Au-delà, nos expériences sont basées sur nos énergies, c'est-à-dire les pensées, les sentiments et les attentes que nous émettons dans l'univers. L'affirmation soulèvera certainement la controverse, mais les esprits disent que personne n'est victime du simple hasard – peu importe les apparences. Quand le mal entre dans la vie des gens, c'est que quelque chose dans leur énergie est d'accord pour faire cette expérience (aussi absurde que cela puisse paraître). Suis-je en train de dire que les millions de gens tués dans les guerres, les camps de concentration et les scénarios où on est au mauvais endroit au mauvais moment, étaient censés faire l'expérience de ces évènements, en fonction de certaines énergies et fréquences émises par leur conscience ? Ou ceux qui sont victimes d'autres crimes, comme le viol ou l'inceste ? Ou les activités de hantise diabolique ? J'aimerais ne pas le croire mais c'est pourtant l'idée que ceux de l'Au-delà m'ont montrée – et de fait, elle remet en question nos idées les plus sacrées sur le fonctionnement de l'univers. D'un autre côté, les physiciens quantiques ont prouvé que l'univers répondait à l'observation. C'est-à-dire que c'est uniquement le fait d'observer qui provoque l'effondrement des multiples probabilités intrinsèques de la matière en une réalité unique. Qui détermine cette réalité ? Selon les physiciens quantiques, l'observateur.

Voici ce que les esprits ont dit sur ceux qui se retrouvent aux prises avec la dimension malheureuse des crimes, à commencer par Michael dans mon premier entretien :

> Pourquoi les gens vivent ce genre de choses ? Il dit : *« Ceux qui sont en bas à ce niveau sur terre sont prêts à se placer dans ces postures. » Il dit : « Vous devez comprendre que ceux qui vivent l'expérience ont une longueur d'onde très semblable en termes de sens, de fréquence. »* Bizarrement, ils ont appelé l'action à se concrétiser. Ils ont appelé, les coupables ont répondu. Il y a cette interaction énergétique en jeu, d'après ce qu'il me montre. Il dit : *« Il n'y a pas de victime. Il n'y a pas de victime. »* Il dit, ce sont ses mots : *« Quand vous êtes ici sur terre, vous êtes SI FOUTREMENT AVEUGLES ! VOUS ÊTES SI FOUTREMENT AVEUGLES ! »* Il dit que c'est comme ça avec les gens. Quand ils vivent un de ces épisodes, ils sont tellement aveugles à la nature de leur propre existence qu'ils ne comprennent pas que leur conscience a ouvert la porte, pour ainsi dire, et permis que ça se produise. En même temps, ils sont capables de fermer cette porte aussi facilement qu'ils l'ont ouverte, mais c'est là que leur « aveuglement » s'exprime.

Ici, Michael a évoqué avec indignation à quel point nous pouvons être aveugles à nos énergies personnelles et comment elles peuvent attirer et repousser les expériences dans nos vies. Ainsi, nous pourrons ne pas être consciemment au courant que nous participons à ces expériences qui nous apportent des malheurs, que ce n'est pas nécessairement l'intention de notre conscience égocentrique, mais que c'est présent dans notre énergie, nos attentes et nos croyances, ce qui peut involontairement nous mettre en péril. Ici encore, c'est une pensée troublante que nous devons considérer, si nous voulons étudier de plus près les composantes de la causalité, du karma et de la manifestation de l'énergie. Voici ce que la grand-mère de Grace a dit dans le quatrième entretien :

> Elle dit que pour la personne qui vit avec des gens méchants ou qui subit leur impact, il faut nécessairement une similarité pour ce mal avec l'agresseur en termes d'énergie pour qu'il y ait rencontre et interaction. Elle dit *« ils ne le sauront peut-être pas consciemment »*... mais elle me fait sentir que la personne ou un certain aspect d'elle craint intérieurement cette agression, l'appelle, la fait se réaliser et l'énergie de l'agresseur le sait et donc, ils se rencontrent. Elle veut comparer ça à quelque chose qui ressemble à l'électricité, comme pour dire qu'on peut être témoin d'un phénomène naturel semblable dans le monde physique. Elle dit qu'on peut le voir en sciences avec certaines choses.

Je crois que la grand-mère de Grace essayait de parler de l'achèvement d'un circuit ou de l'enchevêtrement vibratoire de deux particules quantiques. Une radio fournirait aussi une bonne analogie. À moins que votre radio ne soit capable de capter un signal FM, vous ne pourrez pas le recevoir. Spécifiquement, le 97,3 ne peut recevoir que la transmission du 97,3 ; par conséquent, si nous comprenons ce que l'esprit nous dit à propos des expériences mauvaises ou négatives, notre « radio de conscience » doit être syntonisée sur une certaine plage de fréquences pour expérimenter certaines conditions ou interagir avec certaines autres entités occupant le même continuum. Cela ne veut pas dire que vous êtes une personne mauvaise si vous vivez de mauvaises conditions, simplement que votre « radio de conscience » peut capter cette plage de fréquences – que vous avez syntonisé votre radio pour qu'elle reçoive cette vibration comme forme de conscientisation et d'expression dans votre vie. Comme vous pouvez recevoir cette fréquence, vous serez au même niveau vibratoire que les occupants de la même plage et vous finirez par vous rencontrer, comme des aimants, pour compléter un circuit d'expérience. Voici ce que le père de Debbie a dit dans le septième entretien :

> Il dit que ceux qui font l'expérience d'un phénomène de type spectral apparemment mauvais ou malveillant... Il me fait sentir qu'il pourrait y avoir plusieurs raisons. Une étant que la personne l'attire pour en faire l'expérience et donc quelqu'un est là, prêt à jouer ce rôle. Il dit que certains esprits ont vraiment une qualité intrinsèque de méchanceté, mais il dit qu'ils ne chercheront pas quelqu'un qui ne partage pas ou ne recherche pas ce système de valeurs. Ceux qui ont ces expériences permettent d'une façon ou d'une autre qu'elles leur arrivent. Il dit : *« Non seulement vous devez dire que vous ne croyez pas mais vous devez le ressentir. »* Il dit : *« Vous pouvez le dire mais si vous ne le sentez pas, si vous avez le sentiment que les forces du mal sont encore là, elles seront encore là. »*

Et du père de Kourtnie dans le douzième entretien :

> Ils – ceux qui vivent des conditions mauvaises – ne sont pas conscients de ce qu'ils font en termes de connaissance versus ignorance. Il dit *« position »* et dessine des fils. Il dit que les gens qui vivent ces choses sur terre sont d'une certaine manière en résonance avec l'énergie, c'est comme une sorte *« d'entente »* inconsciente pour harmoniser. Ce n'est pas planifié d'avance, c'est la composition de l'énergie qui prend forme.

Diane, notre esprit à caractère scientifique, a expliqué la chose ainsi dans le quatorzième entretien :

> Voir des démons... et rencontrer des monstres... Elle me fait sentir que c'est réel, dans le sens qu'on a un véhicule ici sur terre qui craint ce genre de choses et crée une fréquence énergétique avec ça ; donc, dans l'Au-delà, les esprits qui sont en harmonie avec cette énergie... C'est créé. C'est une fréquence unifiée. Si la personne s'attend à percevoir quelque chose de mauvais et de démoniaque et on a un esprit sur la même fréquence... ça va... ils vont juste s'apparier. Elle dit que la perception joue pour beaucoup. Si la fréquence de cette énergie correspond à la fréquence que la personne sur terre s'attend à voir... Elle dit que certains esprits feront cette apparition mais il y a de multiples raisons pour l'expliquer... Parce que certains savent qu'ils peuvent agir sans se faire prendre et la personne s'attend à avoir peur...

Si nous nous rappelons tout ce qui a été dit dans ce chapitre, l'idée de quelqu'un faisant le mal et de quelqu'un qui l'appelle, fonctionne de la même manière ; c'est une interaction énergétique produite dans une sorte de continuum. Comme elle en avait pris l'habitude, Diane a poursuivi en décrivant cette convergence d'un point de vue plus large :

> Elle dit... que c'est une énergie qui essaie de se manifester dans toutes ses formes et ses propriétés. Elle dit de changer la notion de mauvaise « expérience » en mauvaise « expression » et on comprend. Nous avons tous eu des parties meurtrières et scandaleuses... Elle dit que tout le monde les a... parce que l'Âme suprême voulait toutes les essayer. C'est le grand hologramme. Puis, elle ramène ça à la famille et dit, à présent vous comprenez les relations familiales... pourquoi certaines personnes ne se retrouvent pas dans l'Au-delà, exactement comme on n'irait pas fusionner avec cette partie de nous qui était meurtrière et scandaleuse, même si on fait partie de la même Âme suprême. Tout est une question d'énergie qui se résout. Elle dit que tout est basé sur les fréquences. Les fréquences... peuvent être différentes, on a un modèle en commun avec l'Âme suprême.

Autrement dit, nous sommes tous reliés, même à ceux que nous pourrions voir comme des méchants.

Alors, qu'est-ce que le mal, au juste ?

Selon ceux qui se sont manifestés dans les entretiens, c'est un manque de sagesse et de connaissances spirituelles, une ignorance des liens qui relient tout ce qui vit, généralement conjuguée au fait de ne pas comprendre que tout dans l'univers a une raison d'être et une validité plus grandes qui apportent une joie et un service sans pareils. Quoi qu'il en soit, les méchants ne sont pas condamnés à la souffrance et à la torture par un Dieu impitoyable. Au contraire, ils sont limités par la nature même de leur énergie (comme nous le sommes tous), sans qu'elle les empêche pourtant de continuer à avancer sur la voie de l'évolution.

Ceux qui sont perçus comme « mauvais » ou « diaboliques » se voient offrir de l'aide dans leurs efforts pour apprendre, grandir et devenir les entités divines qu'ils sont nés pour incarner.

Dans le champ de l'intemporalité, nos réincarnations simultanées pourront avoir déjà atteint les sommets de la sagesse et se tourneront « vers les pentes » pour aider l'aspect qui est désordonné et toujours prisonnier de ses faiblesses personnelles. Comme dans tout, le mal est une expérience subjective, mais certaines activités reflètent vraiment un type d'énergie, une fréquence et un état d'esprit. C'est à cette forme de conscience que l'évolution est la plus nécessaire et ceux des niveaux supérieurs descendent justement pour inspirer ce changement.

Par contre, le mal ne peut commettre ses méfaits sans quelqu'un qui est prêt à les subir, qu'il en soit conscient ou non. Dans la matrice d'énergie de celui qui le subit, il y a l'acceptation qu'il peut vivre et vivra un évènement abominable ; par conséquent, il consent à y participer avec le coupable.

Ce sont tous ces évènements, ces expériences et ces drames qui font avancer nos vies et leur donnent forme à travers le tissu du temps et de l'espace – avec la compréhension intuitive que nous travaillons ainsi à devenir des êtres spirituels plus sages, au-delà de nos vies temporelles. Tout est une question de croissance et d'évolution. Parfois, nous sommes conscients du chemin et parfois, non. Parfois, nous nous laissons tellement happer par nos illusions qu'elles nous dépouillent de tout. Certains pourront tomber dans une sorte d'aliénation spirituelle et ceux qui succombent à cette psychose se prêteront alors à certains comportements sans avoir aucune idée des conséquences.

Le mal. En anglais, quand on épelle le mot « evil » (mal) à l'envers, on obtient « live » (vie). C'est vraiment une façon de vivre à l'envers.

Dieu merci, nous avons l'éternité pour tout régler.

Postface

Le premier tome de *L'après-vie dévoilée* a couvert maints sujets : le processus de la mort, le nouveau corps, la communication, l'expérience du temps, la réincarnation, les niveaux et la nature du mal, entre autres. Au minimum, grâce au renforcement répété des quatorze entretiens, nous avons obtenu une forme de preuve unique qui suggère que la personnalité survit à la mort du corps physique à la fin de sa vie sur terre. Nous avons eu le privilège d'avoir un aperçu de ce qui est à venir en entendant les anecdotes et points de vue personnels des esprits et en apprenant comment chacun a intégré une nouvelle vie dans l'Au-delà. Qui plus est, les entretiens ont aussi montré que bien qu'un changement d'environnement puisse apporter une nouvelle perception des choses par rapport à l'incarnation qui vient de se terminer, l'Au-delà ne garantit pas le savoir universel ou la sagesse ; par conséquent, nos amis et nos parents ne deviennent pas des dieux qui voient tout et nous observent ici sur terre.

J'espère que ce premier tome de *L'après-vie dévoilée* aura fait voir à ceux qui ont perdu des parents et des amis ou sentent qu'ils approchent déjà de la fin de leur vie sur terre, que les choses ne sont peut-être pas toutes lugubres. Le plus extraordinaire avec la vie, c'est qu'elle ne s'arrête jamais. Nous pouvons le constater partout autour de nous dans le monde de tous les jours. Cela me fait penser au brin d'herbe qui réussit à se frayer un chemin au travers des fissures du trottoir, au lieu de succomber sous le poids ou l'obscurité. Si nous prenons les entretiens au pied de la lettre, les paroles de ceux qui sont dans le monde des esprits nous rassureront : aucune obscurité ne nous enveloppe à la fin de notre séjour sur terre. L'entrée dans l'Au-delà est une célébration grandiose, un diplôme pour couronner nos expériences terrestres, qui s'accompagne pour chacun de la promesse d'autres évènements, d'une expansion et d'une évolution à venir.

Ce tome a aussi fait la lumière sur un autre point, à savoir que de l'autre côté du portail de la mort, personne ne nous jugera et nous arrêtera pour mauvais comportement, malgré que nous sommes tenus responsables de nos actions en fonction de notre conscientisation – et cette conscientisation nous aidera ou nous nuira dans notre évolution. Néanmoins, en dehors du champ temporel, l'éternité est notre meilleure amie ; donc, même si nous pourrons nous traîner durant ce qui pourra nous apparaître comme plusieurs incarnations, nous pouvons nous reposer sur le fait que nous sommes en définitive complets et qu'il ne nous reste qu'à lâcher prise et à tourner la clé pour déverrouiller la porte de la cellule invisible qui retient notre sens de la conscience captif. De toute façon, quand nous existons dans le continuum de la conscience, les richesses indicibles abondent et les possibilités sont omniprésentes – nous devons simplement avoir la vivacité d'esprit de les saisir.

Colligé à partir des expériences combinées des âmes qui ont participé aux quatorze entretiens, le premier tome de *L'après-vie dévoilée* a brossé le tableau de notre passage de la vie terrestre à la vie spirituelle en insistant sur l'individu. Le deuxième tome nous plonge dans une vision plus pénétrante de l'Au-delà, où les esprits abordent la nature du paysage et de l'environnement, la structure sociale, ce qu'ils font de leur temps et comment ils vivent au quotidien, le sens et la valeur de la religion, comment ils voient Dieu, et plus. Ensemble, ces deux tomes nous donnent une idée extraordinaire de ce qui nous attend après notre vie sur terre – bien plus que ce qui a été offert avant, surtout qu'ils ont été compilés à partir de plusieurs entretiens posant les mêmes questions directes. Comme je l'ai dit dans l'introduction, si nous n'avions augmenté que de 15 % nos connaissances sur l'Au-delà, dans quelle mesure ce petit pourcentage pourrait-il changer nos vies *maintenant* et notre monde *maintenant ?*

Énormément, selon moi.

Remerciements

Ce n'est pas une mince affaire que d'aborder ce sujet. Quand j'ai entrepris de mener les entretiens, je savais que je me donnais pour tâche d'essayer d'apporter de nouvelles réponses à des questions immémoriales depuis toujours du domaine universel de la religion et de la philosophie. Nul doute qu'une partie de ce qui me serait donné par les esprits remettrait en question beaucoup d'idées religieuses et philosophiques traditionnelles – de même que certains concepts plus modernes avancés par les communautés métaphysiques à travers le monde. Autrement dit, il fallait que je sois prêt à affronter des tonnes de critiques et de débats houleux de la part de ceux qui avaient des visions du monde profondément ancrées. Considérant cette possibilité, je dois reconnaître le courage de mes consultants, qui ont volontiers accepté de recevoir une lecture pour que cette information se répande ; ils ont été prêts à risquer leur système de croyances personnelles et à affronter les résultats de ce que donnerait leur entretien une fois combiné à l'ensemble. La participation à cette recherche a exigé d'eux beaucoup plus que les deux ou trois heures de la lecture ; ils ont été prêts à ouvrir une vraie boîte de Pandore pour voir exactement ce que leurs amis et parents maintenant devenus des esprits avaient à dire – bon ou mauvais. Certains ont demandé que leurs noms ne soient pas mentionnés dans la transcription, ce que j'ai accepté, comprenant leurs raisons. Ils ont pris le risque de s'avancer pour se prêter à un processus controversé afin de recevoir des réponses tout aussi controversées – dans l'espoir, pourtant, de pouvoir aider l'humanité de bonne manière grâce à des renseignements sur la fin de la vie et la possibilité d'un au-delà. Je leur dois plus que des mots, puisque ce travail n'aurait jamais pu se faire sans leur participation. Donc (sans mentionner les noms de famille par respect pour la vie privée), merci à Leah, Jodi, Nancy,

Grace, Cynthia et son mari Shariar, Sarah, Debbie, M. G., Teri K., Mari, Terri, Kourtnie, Gabrielle et ma femme Heidi.

Bien entendu, en plus de mes consultants, il y a la source de l'information à l'origine de cet ouvrage – leurs parents et leurs amis dans l'Au-delà. Je vous assure que l'entreprise n'a pas été plus facile pour eux non plus. Je pratique la clairvoyance depuis plus de douze ans et je peux vous dire que les esprits doivent travailler très dur pour maintenir le niveau d'énergie, la focalisation et la concentration nécessaires pour envoyer des messages de leur environnement dans la conscience du médium. Dans quelques entretiens, certaines questions ont été répondues par un premier proche dans l'Au-delà et le reste par un second – sans doute parce que la concentration et l'énergie exigées avaient laissé le premier interlocuteur épuisé. Néanmoins, l'empressement des esprits à répondre aux cinquante-deux questions a été impossible à endiguer et heureusement chaque entretien a donc pu être mené à bien. Je ne saurais assez remercier, pour leurs efforts et leur volonté de persévérer, ces amis et parents qui ont été capables de faire l'entretien jusqu'au bout. L'apport de chacun a donné un message pénétrant pour chaque question, me laissant souvent stupéfait et reconnaissant d'avoir été le canal pour le recevoir. J'ai été tout autant stupéfié de voir que les esprits étaient aussi empressés à ajouter entre les questions des détails personnels sur leurs précédentes incarnations et leurs liens avec le consultant pour valider que nous étions toujours en communication avec eux. Ils ont montré qu'ils se souciaient vraiment de ce que nous nous efforcions d'accomplir et ont fait de leur mieux pour s'assurer que je sois toujours certain de leur identité et fasse confiance à l'information transmise. Par ailleurs, le fait qu'ils aient également dépensé de l'énergie pour produire des phénomènes de voix électroniques (PVÉ) sur mon enregistreuse numérique durant les entretiens – eh bien, c'était la cerise sur le gâteau ! Je suis éternellement reconnaissant à tous ces esprits qui sont venus répondre aux questions et j'ai hâte au jour où je serai dans leur monde et pourrai les remercier correctement du temps et des efforts qu'ils ont investis. Merci à eux, je suis vraiment béni et humblement honoré.

Maintenant, tout homme qui s'expose avec autant d'audace (ou de folie) doit aussi reconnaître l'amour et le courage de ceux qui sont prêts à se tenir à ses côtés tandis qu'il risque sa santé mentale, ses amitiés et sa réputation, en fonction des conclusions de son travail. En ce sens, mon amour ultime va à ma femme, Heidi. Elle a non seulement été prête à me laisser voyager et passer plusieurs heures absent pour réaliser chaque entretien, elle m'a aussi donné le temps et l'espace pour les transcrire, formuler les résultats et écrire le livre, avant que je le lui passe pour qu'elle s'occupe de l'édition du texte, de la mise en page et de la conception en vue de l'édition finale. Bon, elle aime la mise en place et la conception mais tout de même, elle a sacrifié bien des nuits pour travailler tard à l'ordinateur (et renoncé à ses fins de semaine) pour faciliter la production du livre tout en dirigeant la maison d'édition. Elle a toujours accepté le temps que j'investissais dans mon travail – pour ne rien dire des heures de préparation à la publicité et à la promotion du livre venues ensuite (avec le stress qui les accompagne). Ma femme a toujours été mon roc et mon phare – sans son soutien, rien de cette information n'aurait jamais vu le jour. Elle m'a aussi soutenu dans les moments où j'ai touché le fond (comme nous le faisons tous parfois dans le cadre d'un gros projet).

Je suis aussi béni d'être un des chanceux que sa famille ne ridiculise et ne juge pas pour son travail et son exploration du monde des esprits. Comme je rencontre de plus en plus de médiums dans mes voyages, j'ai fini par me rendre compte que c'est tout à fait particulier. Il y a tellement de gens qui communiquent avec les esprits et ne reçoivent pas de soutien de leurs parents, de leurs frères et sœurs, de leur conjoint ou conjointe ; je suis donc incroyablement redevable à ma famille pour son ouverture et sa croyance dans ce don. Je le répète, sans son soutien, je doute beaucoup que j'aurais même conçu l'idée de ce projet. Par ailleurs, ce qu'on n'obtient pas dans le cercle de la famille immédiate, on peut le trouver en se faisant de nouveaux amis qui partagent des idées et objectifs semblables. En même temps que je continue de me faire connaître et d'offrir ce travail aux autres, j'adresse mes plus humbles remerciements et ma gratitude aux membres de mon cercle de développement, qui sont devenus ma famille spirituelle. Sans eux, je serais encore très critique envers moi-même. Donc, merci Leah, Kiran, Carol, Stacy, Jennifer, Penny et Heidi – je sais que je peux toujours compter sur vous, les amis, pour avoir de la clarté, de la sagesse et des messages spirituels étonnants. Vous êtes tous divins !

Enfin – et surtout – j'aimerais remercier ces médiums étonnants qui m'ont non seulement inspiré le désir d'explorer une relation avec l'esprit mais ont été aussi littéralement des mentors et des maîtres dans mon apprentissage. En participant à vos cours et à vos séminaires, j'ai obtenu le renforcement dont j'avais besoin pour accepter ce don et l'assumer intérieurement. J'aimerais vous mentionner nommément mais je ne suis pas certain de ne pas avoir besoin d'une sorte d'entente de consentement – mais vous savez qui vous êtes ! Merci d'avoir fait connaître ce don aux auditoires de masse, d'avoir dégagé la route pour nous qui suivons – et de m'avoir donné le courage d'explorer les aspects les plus profonds de ce don, ce qui a donné ce livre. Votre amour et votre compassion ont vraiment beaucoup changé la donne. Merci.

Bien entendu, rien de tout cela ne serait arrivé sans la rencontre inopinée de sept personnes magnifiques quand j'avais quinze ans. Votre rôle dans tout ceci ne saurait être exagéré. Merci d'avoir enduré mon scepticisme et ma position parfois raisonneuse. Je sais que je ne suis pas l'étudiant le plus facile qui soit.

À propos de l'auteur

Jeffrey A. Marks est médium spirituel, chercheur en spiritualité, enquêteur sur les phénomènes paranormaux et auteur primé de *Your Magical Soul: How Science and Psychic Phenomena Paint a New Picture of the Self and Reality.* Jeffrey est une voix compatissante parlant pour les esprits qui a établi ce contact pour des individus comme pour des groupes dans les États côtiers du Nord-Ouest américain. En plus d'être un formateur et un conférencier dynamique sur le potentiel spirituel, il est coanimateur de l'émission radio-débat *Explorers of Consciousness* sur Internet. Comme médium, il est connu pour son authenticité et son humilité, autant de ses consultants que des esprits. Jeffrey est membre de la Washington State Ghost Society, dont il a déjà été président. Il vit dans la région de Seattle avec sa femme et leurs deux chats, mais vous pouvez souvent le trouver sur la côte de l'Oregon en train de contempler l'infini…

MARQUIS

Québec, Canada

RECYCLÉ
Papier fait à partir de matériaux recyclés
FSC® C103567
FSC
www.fsc.org

Imprimé sur du papier Enviro 100% postconsommation traité sans chlore, accrédité ÉcoLogo et fait à partir de biogaz.

100%

PERMANENT

BIO GAZ ÉNERGIE